Chinese History for Teenagers

少年中国史

动乱中的大融合

西晋 东晋 南北朝

佟洵 赵云田·主编

⑧

北京理工大学出版社
BEIJING INSTITUTE OF TECHNOLOGY PRESS

版权专有　侵权必究

图书在版编目（CIP）数据

动乱中的大融合：西晋　东晋　南北朝 / 佟洵，赵云田主编. —北京：北京理工大学出版社，2020.6　（2021.2重印）

ISBN 978 – 7 – 5682 – 8300 – 7

Ⅰ.①动… Ⅱ.①佟… ②赵… Ⅲ.①中国历史 – 魏晋南北朝时代 – 少年读物 Ⅳ.①K235.09

中国版本图书馆 CIP 数据核字（2020）第 049892 号

动乱中的大融合
西晋　东晋　南北朝

出版发行 /	北京理工大学出版社有限责任公司
社　　址 /	北京市海淀区中关村南大街5号
邮　　编 /	100081
电　　话 /	（010）68914775（总编室）
	（010）82562903（教材售后服务热线）
	（010）68948351（其他图书服务热线）
网　　址 /	http://www.bitpress.com.cn
经　　销 /	全国各地新华书店
印　　刷 /	河北盛世彩捷印刷有限公司
开　　本 /	710 毫米 × 1000 毫米　1/16
印　　张 /	14
字　　数 /	236 千字
版　　次 /	2020 年 6 月第 1 版　2021 年 2 月第 6 次印刷
定　　价 /	34.00 元

责任编辑 / 顾学云
文案编辑 / 朱　喜
责任校对 / 周瑞红
责任印制 / 边心超

图书出现印装质量问题，请拨打售后服务热线，本社负责调换

前言

北京师范大学教授　曹文柱

　　西晋是中国历史上短暂的大一统封建王朝。司马炎于266年代魏称帝，国号晋，定都洛阳，史称西晋，316年灭亡。从此，北方进入十六国时期。317年，司马睿在建康（今江苏南京）建立政权，史称东晋。420年，刘裕篡东晋，建立宋。此后，南方依次经历了宋、齐、梁、陈四个朝代，统称南朝。398年，拓跋珪称帝，定都平城，史称北魏。436年，北魏统一北方，北朝开始。北朝依次是北魏、东魏、西魏、北齐、北周。两晋南北朝总计333年。

　　两晋南北朝时期，有四方面的问题值得注意。第一是门阀士族登上历史舞台，并占据统治地位。士族始兴于东汉后期，它大多数是地方大姓、经学世家和累代显官的三位一体。西晋时期，士族在社会中的各种特权作为制度被固定下来，家世成为论品选官的唯一标准，为士人子弟专设的国子学也被从太学中分离出来，从而选官成为"上品无寒门、下品无世族"的门阀制度。东晋时期，门阀士族的统治达到了顶峰，门阀居然凌驾于皇权之上。进入南朝，一向为士族所不屑的寒门庶族开始参掌机要，门阀士族感到威胁的严重存在，遂以强化士庶界限来保护自己，成了一个封闭的社会集团。当时社会虽士庶杂居，但士庶不相往来，不相交结。即使是皇亲国戚，如果不够档次，士人也不肯赏脸。

　　第二是人口流动频繁，地域和民族间的界限被不断打破。其形式包括不断的军队远征，可怕的流民狂潮和大量胡族人内迁及入居中原。视农业经济为"本"的中国古代社会，安土重迁，凝固保守，是其国情的一大特征。然而魏晋社会的特殊历史条件，却使这个固有的模式遭到破坏。从文化学的观点来看，人口流动是文化传播的重要方式。如果迁徙人口与新居地、土著人口存在着文化差异，那必然会把所携带或代表的文化传播到这一地区。两个民众集团的接触，就有文化上交互渗透和汇融合流的现象发生。西北、东北及南方经济区的开发，打破了秦汉以来传统的经济格局。中华民族的主体民族汉族自诞生后，各少数民族不断地为它所同化。这是中国古代民族关系发展史上的主流。

不过汉人在用先进文化同化胡人的同时,也不自觉地习染上很多胡俗。

第三是玄学经历了一个兴衰过程。汉代儒学走上了穷途末路。曹魏之世某些学者援道入儒,用老庄观点来解释儒家的学说,由于以《老》《庄》《易》三玄为依据,故有玄学之称。随着玄学的流布,很多以老庄哲理为核心的命题,经常引起士人们的辩名析理逻辑推衍,玄学的理论体系随之不断完善发展。同时也有些士人为逃避凶险的现实政治,以清谈玄远不及时事,作为一种全身之道。西晋朝野玄风播扬,玄学压倒儒学,统治了思想界。东晋时期,玄学继续发展,并渗透到道教、佛教之中。清谈尽管与玄学有密切的关系,但不能把两者看成是同义词。它不像玄学那样是一种学术流派,而是一种学术交流方式。不同学术观点的人,都可以在这类辩论会上交锋。所以参加者不一定都是玄学家。清谈一般分宾主两席,围绕着一个中心论点反复驳诘,使命题不断深化。清谈创造出了良好的学术氛围。士人在清谈时,麈尾作为道具必不可少。挥麈玄谈更成为名士们追求的社会风尚。

第四是佛教传入和迅速发展。佛教的传入虽在两汉之际,但由于各种原因,整个汉世佛教的影响十分有限。从两晋十六国到南北朝,佛教势力发展如火如荼。这是因为,首先是佛教徒的自身努力,大量翻译佛经,而且日益中国化。其次是统治者的提倡,给予佛教徒各种特权,在政府中设立了相关的管理机构,甚至许多帝王也身体力行,极力提高佛教的地位。有资料显示,南朝梁全境佛寺2846所。北朝的佛教发展更为惊人,最多时北周和北齐加在一起有寺庙4万余所,僧尼近400万人,在北方人口中占有很大比例。最高统治者感到佛教势力对他们的统治构成威胁时,也往往会采取一些限制措施,只是这些措施在南方表现得比较温和,在北方则表现得相当粗暴,多次出现灭佛事件。当然,这并不代表当时整个统治阶层的意志。一旦佛教势力受到削弱,随着新皇帝的即位,新一轮的兴佛高潮很快又形成了。

目录

少年中国史

西晋

- 司马炎称帝 / 10
- 贾后专政 / 14
- 金谷二十四友 / 18
- 空前混乱的皇族内讧 / 24
- 刘渊建汉 / 30
- 石勒称帝建后赵 / 34
- 洛阳陷落 / 40
- 衣冠南渡 / 44
- 嵇康死而清议绝 / 48
- ● 史学巨著《三国志》/ 52

东晋

- 王与马共天下 / 56
- 前后赵对峙 / 62
- 祖逖北伐 / 66
- 王敦之乱 / 70
- 苏峻、祖约联合作乱 / 74
- 毁誉参半的桓温 / 78
- 慕容氏逐鹿中原 / 84
- 葛洪与《抱朴子》/ 88
- 苻坚统一北方 / 92
- 淝水之战 / 96
- 不为五斗米折腰 / 102
- 桓玄篡晋建楚 / 108
- 名士狂态与魏晋风度 / 112
- ● "书圣"王羲之 / 118
- ● "画圣"顾恺之 / 122

南北朝

北魏立国 /126

刘裕建宋 /132

元嘉之政 /138

雄才大略拓跋焘 /142

萧道成篡位建齐 /148

顶级门阀兰陵萧氏 /152

北魏孝文帝改革 /154

王肃避难奔魏,谢氏千里寻夫 /160

萧鸾废帝 /166

皇帝菩萨与南梁盛世 /168

白袍将军陈庆之 /174

北魏分裂 /178

宇文泰专权 /184

两魏鏖战 /188

侯景之乱 /194

陈霸先建陈 /200

北齐王朝 /204

● 史上最美的北齐壁画 /210

宇文护立北周 /212

范缜与《神灭论》/216

● 南造寺,北造像 /218

● 中外大事年表对比 /222

西晋

266年—316年

权臣强,君主弱,改朝换代转瞬间
官贵奢,平民贫,战乱不断难聊生
八王之乱,滚滚尘烟起杀意
玄学清谈,铮铮傲骨蔑权贵
奢骄的大统一如昙花一现
空留余香待山河……

266年

承魏氏奢侈革弊之后，百姓思古之遗风，乃厉以恭俭，敦以寡欲。有司尝奏御牛青丝纼断，诏以青麻代之。

——《晋书·帝纪第三》

司马炎称帝

一个审时度势地退、迫于无奈地让，一个虚情假意地辞、真心实意地要。禅让，这个在远古时代象征着高德和大义的行为，在刀光剑影的较量后，变成了江山和平易主的政治大戏。实力，在历史的记忆中，永远都是最有效的王权保障。

时间
266年

称帝手法
逼魏元帝禅让

重要经历
咸熙二年十二月（266年2月）以晋代魏；
泰始四年（268年）颁布《泰始律》；
咸宁五年（279年）攻灭东吴

主要成就
建立晋朝，统一全国；
创立"太康盛世"

晋武帝司马炎像
司马炎（236年—290年），字安世，河内郡温县（今河南温县）人，为晋朝的建立者，谥号武皇帝，曹魏权臣司马昭长子。前期勤于政事，有"太康之治"，后期怠惰政事，荒淫无度。

接受禅让

曹魏正始十年（249年），司马懿趁大将军曹爽外出祭祀先帝之机发动政变，迫使其辞去一切职务。曹爽不久被诛灭三族，军政大权从此落入司马懿之手。嘉平六年（254年），司马懿之子司马师联合公卿上奏郭太后，列举曹芳数条罪状，请求废其帝位，得到许可，改立曹髦为帝。甘露五年（260年），曹髦不甘心国家权柄落入他人之手，愤慨地说："司马昭之心，路人皆知！"却在讨伐司马昭的战斗中被杀死在车驾之中。司马昭在和大臣商议之后，立曹奂为帝。

咸熙二年（265年），司马昭因中风猝死，司马炎继承了父亲的相国职位和晋王爵位。随即暗中指使亲信大臣向皇帝提出禅让大计："司马氏世代尽心辅佐魏主，建立的功勋像山一样垒起来能高过上天，五湖四海无不蒙受他们家族的雨露恩泽，陛下何不向帝王楷模尧、舜、禹学习，把皇位让给实力和能力更强的晋王呢？这样不但成全了人民渴望由更杰出之人治理天下的心愿，也充分彰显了您激流勇退的智慧和退位让贤的美德啊！"

在生死由他人操控与成全他人并保全自身之间，曹奂最终选择接受大臣建议，把帝位拱手让出。他颁下诏书，恳请晋王顺应天意和民意，不辞辛苦地担负起治理天下的重任。司马炎表示"不愿"接受。皇帝坚持相让，相国一再推辞，几个来回之后，这才"盛情难却"地接受了禅让。咸熙二年（265年），随着禅让大典落下帷幕，晋王升级成为新皇帝，旧皇帝则降级成了陈留王，政权实现了和平演变，新的国号为"晋"，史称西晋。

至此，从司马懿到司马炎，代代相传的称帝大业终于完成。以晋代魏距离延康元年（220年）曹丕代汉仅仅间隔了45年。

一举灭东吴

单单一个禅让的把戏当然不足以服众，新皇上任三把火，得做出点政绩才好证明曹奂"退位让贤"完全是出于客观公正。鉴于蜀国在父亲司马昭时代就被攻灭，剩下能大展身手的地方便只有盘踞东南的吴国了。为此，司马炎做

> 早岁膺图帝业光，
> 晚年何事政多荒。
> 算来不用平吴好，
> 毕竟吴平速晋亡。
> ——宋·王十朋

晋武帝

了长达10年时间的战争准备。

当时的吴国正处于以残暴著称的孙皓的黑暗统治之下，人民生活在水深火热之中。就连驻守军事重镇石城（今湖北钟祥）的士兵都不能按月领取军饷，只好经常用集体狩猎代替军事训练，以便增加伙食和津贴。令吴军士兵奇怪的是：每当带伤逃出包围圈的野兽到了对面荆州的晋军阵地后，都会被友好地送回，说是他们不愿抢夺别人的劳动成果。更令人费解的是，在两军交战这种非和平方式交流中，晋军对于抓获的俘虏并没有改造整编或直接处死，而是实行"来要欢迎，走要欢送"的政策。这些旨在攻心的举动令吴军对本该以死相搏的敌人普遍产生好感，军心在敌人到来之前已经成功实现了自我摧毁。

咸宁五年（279年），晋军兵分五路，对东吴展开大规模进攻。由于时机得当、准备充分、战略正确，前后仅用四个多月便把东吴全部疆土并入晋国版图。至此，三国以来长达近百年的分裂局面终于结束。凭借一举攻灭东吴、重新恢复国家统一的军事功绩，司马炎死后获得了"武"的谥号，史称晋武帝。

焚裘示俭

出自16世纪《帝鉴图说》。讲述太医司马程据献雉裘,晋武帝司马炎命当众烧掉并宣布不许再进献珍奇之物。鉴于曹魏末期为政严苛,风俗颓废,生活豪奢,晋武帝立国初期就"矫以仁俭"。

致力治世

从晋武帝的别名司马安世,到他在位期间的年号泰始、太兴、咸宁、太康、太熙,无不反映出治国平天下的抱负。为了把自己一手创建的新王朝打造成太平盛世的标杆,司马炎进行了大刀阔斧的改革,着实努力了一把。例如,实行占田制,允许每个农民合法占有自己应得的一份田地;鼓励开垦荒地、兴修水利;通过税制改革减轻人民负担;加强市场管理,稳定粮食等重要物资的市场价格。

在"开源"的同时,晋武帝也很注意"节流",厉行节俭,反对奢侈。"焚裘示俭"的故事就特别为人称道。有一次,太医司马程据献上一件用野鸡头上雉毛制成的衣服——"雉头裘",朝堂上官员们见了惊叹不已,称只有这般华丽的衣服才配得上陛下独一无二的高贵气质。司马炎却下令把这件稀世珍宝当众烧掉,并说,这种奇装异服触犯了不久前颁布的严禁奢侈浪费的规定,即使是献给皇帝,也属于违规。

在平定东吴后的几年,政府不断实行推动经济发展的政策,农民的生活因为粮食产量增加而逐渐改善,全国人口迅速增加了130多万户,后世把太康年间出现的大好局面称为"太康之治"。

照这个趋势发展,不用多久大家就可以过上小康生活了。就在人民这样憧憬时,皇帝却慢慢失去了创业的激情,开始懈怠、享乐起来。为了防止司马氏的江山遭人篡夺,司马炎把大批宗室封王拜爵,允许他们统率兵马。在他死后,雄踞一方的王爷们为了争权夺利而内乱不已,很快就引发了长达16年之久的"八王之乱"。

羊车望幸

出自16世纪《帝鉴图说》。讲述灭吴后的司马炎逐渐怠惰政事,奢侈腐化。后宫嫔妃过万,为了解决每晚在哪里休息,他就坐着羊车,让羊在宫苑里随意行走,羊车停在哪里他就在哪里下车。于是宫人们便把竹枝插在门上,把盐水洒在地上,羊因为喜欢盐水的味道,停下吃食,于是羊车就停在她的宫门口。

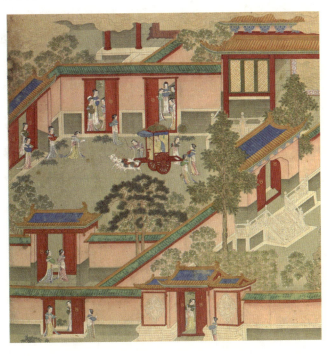

290年—300年

> 贾娶南风，时年十五，大太子二岁。泰始八年二月辛卯，册拜太子妃。妒忌多权诈，太子畏而惑之，嫔御罕有进幸者。

——《晋书·列传第一》

贾后专政

鉴于智商，丈夫选择了出让权力；为了私欲，她不惜用诬陷和残杀开路。也许是命中注定，不以貌胜，不以子贵，这位心冷性妻、善妒奸诈的女子凭借皇后之位，在历史上掀起了一场血雨腥风，而她死后，更是洪水滔天。

父亲
西晋权臣贾充

丈夫
晋惠帝司马衷

个人标签
貌丑而性妒

主要事件
代夫作弊；
逼死太后；
迫害太子

人生结局
金酒赐死

愚钝的丈夫皇帝

司马衷是晋武帝和第一任皇后杨艳的次子，由于哥哥司马轨两岁夭折，他就成了事实上的嫡长子，9岁时被立为太子。在26个儿子中，太子无论智商还是能力都最不让人放心，晋武帝总担心未来的接班人不合格，决定进行一次执政能力的书面考查。当设计好的试卷送到太子面前，他顿时蒙了，完全不知该如何作答。

这时，一个又黑又矮、其貌不扬的女子火速请人替考代答，一份旁征博引、文采斐然的答案很快被设计出来。但是一位东宫属官寻思：谁都晓得太子平时不读书，如果答案太完美，作弊行为肯定会被人识破，倒不如按太子的语言水平把答案再通俗粗

杨皇后像
杨艳（238年—274年），字琼芝，弘农华阴（今陕西华阴）人。晋武帝司马炎的皇后，生了三男三女，长子早夭，次子司马衷性痴呆，晋武帝欲废之，在她的劝告下而没被废。后收受贿赂，选贾南风为太子妃。

浅地复述一遍。贾南风表示同意。最后交上去的答卷有板有眼,尽管语言并不优美,但晋武帝已经很高兴了,觉得终于可以放心地把江山交给司马衷了。

蒙混过关的太子很感激这个女子的"机智",后来放心地把父皇交过来的江山托付给她,也就是他的皇后——贾南风。

贾后

弑姑杀子欲何为,
伤败彝伦总不知。
祸乱晋朝诚在己,
灭亡父族咎归谁。

——宋·徐钧

忘恩负义迫害太后

贾南风15岁时嫁给司马衷成为太子妃,当时丈夫司马衷还有其他妾室,而她只生下四个女儿。一想到别人可能为太子生下男孩,她心里就特别嫉妒,经常仗着自己地位较高,找各种借口迫害其他妾室,甚至亲手杀掉已经怀有骨肉的宫女。

晋武帝听说了儿媳的蛮横残忍之后十分生气,打算将其废掉并囚禁在刚刚落成的金墉城。正是皇后杨芷等人苦苦劝阻,说贾南风年纪还小,争风吃醋的小毛病以后就会改过来的,且她的父亲贾充也为朝廷立过不少汗马功劳,恳请皇帝手下留情,她这才得以幸免。

太熙元年(290年)丈夫称帝后,她成了西晋的新任皇后。然而贾南风并没有展现出母仪天下应有的温和仁慈,反而恩将仇报,把身为太后的杨芷逼到活活饿死的境地。为了掌握朝政大权,她于元康元年(291年)联合楚王司马玮发动禁卫军政变,除掉了当时担任太傅的杨骏。太后杨芷因为杨骏女儿的身份而被诬陷为谋反的同党。贾后在丈夫不同意的情况下干脆伪造圣旨,将太后废为庶人,然后囚禁在自己当年差点被困其中的金墉城。杨芷苦苦哀求儿媳开恩,放过自己年老的母亲庞氏,贾后不为所动。庞氏被杀之后,杨芷的十多个侍女也很快被全部撤掉,连续八天

贾氏南风夺朝权

出自明刊本《东西晋演义》。贾南风是西晋惠帝司马衷之妻,贾充之女。因惠帝软弱无能,国家政事皆由贾南风干预。

没有食物的昔日太后最终被活活饿死，年仅34岁。

做伪证诬陷太子

广陵王司马遹在惠帝登基当年就被册立为太子，但他显然是贾后独断专行的巨大障碍。贾南风偏偏没有亲生儿子来更换太子，怎么办呢？她先是假称自己曾经有孕生子，但恰逢武帝驾崩，举国同悲的日子不适合对外公布，所以外界并不知情。然后偷偷把妹妹的儿子韩慰祖抱进宫中，亲生儿子就这么凭空出现了，更换太子也随即被提上议程。

一天，贾后借机灌醉司马遹，让他在迷糊之中抄写一篇草书，经过技术处理后就变成了太子谋逆的铁证。当司马遹醒来看到自己"亲笔"书写的"父皇早就该自我了断，如果不愿自己动手，就由我来帮你了结"的字句时，不管怎样辩白都改变不了自己被废为平民的下场。他在金墉城里和三个年幼的儿子重逢，母亲谢玖则永远离开了人世。

太子莫名其妙地被废，朝野上下出现了不少怨言。贾南风于永康元年（300年）再次假借丈夫的旨意，命令司马遹在狱中服毒"自杀"。在犯人拒不服从的情况下，被派去监督行刑的孙虑亲自动手将其杀害。

金酒赐死

贾南风时常根据自己的需要伪造圣旨，赵王司马伦在永康元年（300年）也伪造了一份，以谋害太子的罪名派齐王司马冏带兵入宫，逮捕贾后。

见士兵闯入，贾南风吃惊地问："你们来这里做什么？"

"奉皇帝之命废掉你的皇后之位！"

"就算有诏书，也应当是从我手里发出来的，你们奉的究竟是谁的命令？"

司马冏不予理睬，押着她走出后殿。这时贾后隐约看见丈夫的影子，急忙大声疾呼：

"陛下，您忍心眼看着人家废掉皇后之位吗？今天他们废了我，到头来还不是废了陛下您吗？"但大殿中只留下自己的余音回荡。

她扭头又问："发动政变的是什么人？"得知是赵王司马伦和梁王司马

西晋·韩寿墓表

石质圆柱形，现仅存中间一段。隶书刻字"侍骠骑将军，南阳堵阳韩"，两旁两行残损，但残存有笔画，依残存字形和史载韩寿生前官爵以及卒后追谥，全碑文应是："晋故散骑常侍骠骑将军、南阳堵阳韩府君墓神道。"书体承汉魏风格，颇近《西峡颂》，结构疏朗，笔画俊逸，波磔浑敛，并有缪篆笔意，为西晋书法艺术中之杰作。现藏于河南省洛阳博物馆。韩寿因与贾充小女儿贾午的风流韵事而见著历史，为后人所知。

肜，就咬牙切齿地骂道："拴狗就应该牢牢拴住它的脖子，我反倒只拴了尾巴，也是活该有今日的下场啊。可惜当年没先动手杀了这两条老狗，如今反被他们咬了一口！"

她被关进金墉城——当年杨芷帮她避免的监禁命运，终归还是未能逃脱。不久她被司马伦用一杯专门赐死帝王的金屑酒毒杀，结束了她专权乱政的局面。

贾南风死后，司马伦很快于永宁元年（301年）自立为皇帝，司马衷成了太上皇。后来，汝南王司马亮、楚王司马玮、齐王司马冏、长沙王司马乂、成都王司马颖、河间王司马颙、东海王司马越、赵王司马伦纷纷加入争夺权力的斗争中，中国历史上最为严重的皇族内乱之一"八王之乱"爆发了。

西晋平民装束
反映西晋平民生活的采桑图，此妇女梳单环髻，对襟衣，下着长裙，腰用帛带系扎。上俭下丰，衣身部分紧身合体，袖口肥大；折裥裙下摆宽松，给人以俊俏潇洒之感。

荀氏八龙

魏晋时期，整个中原世族最有影响力的，要数颍阴（今河南许昌）荀氏。荀氏八龙是指东汉名士荀淑的8个儿子，因荀淑本人才德兼备，时人送其外号"神君"，而他的8个在德行和学问方面都显著于世的儿子，就理所当然地被人称为"八龙"。"八龙"依辈分排行分别是：长子荀俭、次子荀绲、三子荀靖、四子荀焘、五子荀汪、六子荀爽、七子荀肃、幼子荀旉，其中以六子荀爽最为优秀。荀淑的孙子辈优秀之人也不少，如荀彧、荀谌、荀衍、荀悦，从曾孙荀攸等人，都是汉魏之际的风云人物和曹魏集团的重要谋士。荀勖是荀爽的曾孙，是魏晋年间的音乐家、目录学家和画家，但他为了自己的利益，依附贾充，为让贾充留在朝中保持势力而以虚言让司马衷娶贾南风，后又假称司马衷有德行、让暴虐的贾南风继续留在储君身边，成为将来的皇后等，受到当时人的非议。

西晋初期

时征虏将军石崇河南金谷涧中有别庐,冠绝时辈,引致宾客,日以赋诗……秘书监贾谧参管朝政,京师人士无不倾心。石崇、欧阳建、陆机、陆云之徒,并以文才降节事谧……号曰"二十四友"。

——《晋书·列传第三十二》

金谷二十四友

熙熙攘攘的洛阳街头,千百少女突然像潮水般涌向一位乘车游览的公子,红彤彤的小苹果纷纷从她们手中投出,瞬间落满了这位青年的怀里和车里。洛阳人专门为这个传递爱慕之意的扔水果盛况发明了一个成语——"掷果盈车"。

主要成员
石崇 潘岳
陆机 刘琨 左思

主要活动
金谷宴集;
聚会宴饮;
吟诗作赋

活动基地
金谷园

团体性质
攀附政治的文学社团

主要成就
会聚西晋文坛半壁人才;
创作大量文学作品;
推动西晋文化繁荣

许多名词因他而生

靠着一张英俊的脸就可以满载水果而归,这种事只有潘岳可以做到。要知道,另一位大才子左思也曾效仿他在洛阳街头招摇过市,不但没换来"掷果盈车",反而迎来一车砖头、唾沫,搞得自己身体和心灵都很受伤。

潘岳,字安仁,后人写文章时为了讲究对仗和押韵,把"仁"字省略,称他"潘安"。潘岳长得究竟有多美?史书和画卷都没有留下对其身高和面貌的详细描绘,不过从《晋书》到《世说新语》《文心雕龙》,无不穷尽辞藻予以称赞,相信即使不能倾国倾城,也一定眉目如画、风度翩翩。在

陆机像

陆机(261年—303年),字士衡,吴郡吴县(今江苏苏州)人,西晋著名文学家、书法家,"金谷二十四友"之一。陆机"少有奇才,文章冠世",诗重藻绘排偶,骈文亦佳。与弟陆云俱为西晋著名文学家,被誉为"太康之英"。与潘岳同为西晋诗坛的代表,形成"太康诗风",世有"潘江陆海"之称。陆机亦善书法,其《平复帖》是中国古代存世最早的名人书法真迹。

各类诗词、戏曲、小说中，他的名字频频出现，以至人尽皆知，一句"貌比潘安"几乎是对男子美貌的最高恭维，就连他的小名"檀奴"，也都成了万千少女心中俊美情郎的代名词。

说起怀才不遇，或许怪他年轻自负，只凭一篇文章便锋芒毕露，引来权臣嫉妒，以致被长期排挤在朝廷之外。几年前的一天，晋武帝突然心血来潮，脱下龙袍换上农装，带着后宫妃嫔下地劳动，皇后牵牛、皇帝耕地，向天下人充分展示了自己过硬的农耕技术。这场政治作秀引得有心投机的文人们纷纷作诗逢迎，只有潘岳所作的一首《藉田赋》，因为中心突出、思想深刻、语言优美而得到司马炎赏识，一时成为经典，被广为传诵。朝中的权臣们也深刻感受到了他的才情，故意安排他到河阳县（今洛阳吉利区）当县令，十年都没有得到升迁。

潘岳每天种菜浇园，过着悠然自得的生活。他在《闲居赋》中描绘自己的生活："筑室种树，逍遥自得……此亦拙者之为政也。"受此影响，明朝同样因官场失意而还乡休养的御史王献臣将自己在苏州建的一处园林取名为"拙政园"。

《潘黄门集》书影
明刊本，晋潘岳撰。潘岳（247年—300年），字安仁，荥阳中牟(今河南中牟县东)人，"金谷二十四友"之首。工于诗赋，与陆机齐名，原有集十卷，已佚。《潘黄门集》为明末人张溥所辑，含赋19篇，表1篇，议2篇，颂1篇，赞1篇，箴1篇，训1篇，碑2篇，哀文9篇，祭文3篇，诔11篇，诗近20首。

因安仁而生的新词汇远不止于此。潘岳带领全县百姓种桃树，一起过上"漫步桃花下，诗酒趁年华"的田园生活，在品酒赏花的同时就把河阳治理得井井有条。于是，河阳人民又专门为这位深受爱戴的县令大人发明了一个新词——"花县"。

晋时男子贵族装束
晋时以宽衣大袖为时尚，因此褒衣博带成为这一时期的主要服饰风格，尤以文人雅士和贵族们最为喜好。除大袖衫以外，也着袍、襦、裤、裙等，丝履高冠。当时的裙子也较为宽广，下长曳地，可穿内，也可穿于衫襦之外，腰以丝绸宽带系扎。

庾信在《枯树赋》里说："若非金谷满园树，即是河阳一县花。"河阳太小，容不下相貌文采并称一流的潘岳，只有前方的金谷园，方能给他一个更高、更大的平台。在这里，他融入了中国古代第一个文学社团，找到了23个人生观和价值观高度相似的好友。

金谷宴集

金谷园是西晋首富石崇的别墅。石崇的富有在他和晋武帝内弟王恺斗富的过程中表现得淋漓尽致。

为了能把对方比下去，王恺饭后用糖水洗锅，石崇便用蜡烛当柴烧；王恺做了40里长的紫丝布步障，石崇便祭出50里锦步障；王恺用赤石脂涂墙壁，石崇便撒满花椒。眼见内弟"富"不如人，晋武帝暗中向王恺支援了一棵二尺来高的珊瑚树，结果石崇见了随手将其砸个了稀烂，淡淡地说："哎呀，不小心毁坏了你心爱的珍宝。不过这不值得生气，我当场赔给你就好了。"当下人把他家的珊瑚树全拿出来时，王恺看到有不少三四尺高的，显得特别失意，石崇则流露出胜利者的得意。

为了与寻常贵族、富豪划清界限，石崇努力培养起对文学的爱好，经常吟诗作赋。为了方便会聚各方文人畅饮、赋诗，他凭借雄厚财力建了一座规模宏大、金碧辉煌的金谷园。"金谷春晴"被誉为洛阳史上最美景致之一，园林不但依山傍水，亭阁错落，而且汇聚无数奇花异草、奇珍异宝。每当阳春三月，桃花灼灼，柳丝袅袅，蝴蝶翩飞，溪水潺潺，亭台楼阁掩映在青山绿水之间，景色美不胜收。

元康六年（296年），征西大将军王诩要从洛阳前往长安，石崇在金谷园设宴相送，同时邀请到"闻鸡起舞""枕戈待旦"的刘琨、"洛阳纸贵"的左思、"太康之英"的陆机及其兄弟陆云等文学名流参加。席间为了助兴，各自赋诗，如果超出时限未能完成，罚酒三斗。这次活动不但开创了斗诗罚酒的历史传统，还成就了中国第一次纯粹的文人聚会，人称"金

◆ 白首同归 ◆

在金谷二十四友中，潘岳与石崇的关系最为密切，曾在《金谷集作诗》中写下"投分寄石友，白首同所归"，希望两人即使老了还能在一起做朋友。没想到一语成谶。孙秀和石崇素有恩怨，后来又仗着权势抢夺石崇的宠妾绿珠未遂，于是怂恿赵王司马伦杀掉石崇。石崇被押到建春门外刑场，意外遇见潘岳，便说："想不到你也遭了此祸？"潘岳回答："这不正是我们当初所希望的'白首同所归'吗？"

金谷园图轴
清华岩绘，现藏于上海博物馆。描绘了西晋时曾任荆州刺史的石崇在其所营建的金谷园内，坐听侍妾绿珠吹箫的故事。绿珠是石崇的宠妾，善吹笛，又善舞《明君》且容貌漂亮，见者都忘失魂魄，因此绿珠之美名闻于天下。

金谷园图

明仇英绘。金谷园是西晋石崇的别墅，遗址在今洛阳老城东北七里处的金谷洞内。据历史记载，西晋时期石崇为纵情放逸，在洛阳依邙山、临谷水建了规模宏大的花园。此园随地势筑台凿地，楼台亭阁，池沼碧波，交辉掩映，加上此园茂树郁郁，修竹亭亭，百花竞艳，整座花园犹如天宫琼宇。在金谷园，石崇整日过着纸醉金迷的生活，经常在园中设宴豪饮。金谷园遂成为文人聚会的场所，他们谈论文学，吟诗作赋，时人称之为"金谷二十四友"。

谷宴集"，事后，石崇把众人诗作收录成集，自己撰写了一篇《金谷诗序》。后世王羲之等人加以效仿，于是有了"兰亭雅集"和《兰亭集序》。

"金谷宴集"后，金谷园正式成为24人小群体聚会宴饮、谈论文学、吟诗作赋的主要活动基地，石崇、潘岳等参与者也就有了新的集体称号——"金谷二十四友"，这里几乎会聚了当时文坛所有的泰斗级人物，他们创作的文学作品几乎占据了西晋诗歌总量的半壁江山，足以代表一个时代文化的繁荣。

攀附权贵的后果

如果只是文学上志趣相投，斗酒吟诗自然不会为他们招来杀身之祸。当潘岳结交石崇等高级官员之后，仕途也变得顺利起来，开始主动接近政权的中心——不过20岁出头的鲁国公贾谧。

贾谧是贾南风的外甥，随着贾后专权，他也成了朝中炙手可热的人物。巧的是，贾谧同样拒绝做一个不学无术的纨绔子弟，文学也成了他的一大爱好。"贾大人文采可与汉代大才子贾谊比肩"的说法立即甚嚣尘上，这个马屁拍得正中鲁国公下怀，年轻人立刻飘飘然起来，开始以文学引领者自居，像开门做生意一样欢迎各路文学爱好者前来

> 招隐诗之二
>
> 经始东山庐，果下自成榛。
> 前有寒泉井，聊可莹心神。
> 峭蒨青葱间，竹柏得其真。
> 弱叶栖霜雪，飞荣流余津。
> 爵服无常玩，好恶有屈伸。
> 结绶生缠牵，弹冠去埃尘。
> 惠连非吾屈，首阳非吾仁。
> 相与观所尚，逍遥撰良辰。
>
> ——西晋·左思

交流切磋。一时间贾府门庭若市。

"金谷二十四友"当然也不愿放弃政治上飞黄腾达的大好时机，纷纷成为贾府的座上宾，和当朝权贵打得火热。为了讨贾大人欢心，他们集体写文章歌颂鲁国公的英明神武、才华横溢，陆机写颂诗给贾谧还嫌不够，歌功颂德的范围还扩展到了贾谧的外祖父贾充，潘岳和石崇做得更绝，每次在贾大人乘车外出时跪拜送别，完全不顾车轮扬起的尘土糊住了他们的脸面。洛阳人称为"望尘而拜"。

在贾后诬陷太子谋反事件中，潘岳模仿司马遹口吻，直接参与了制造伪证的过程。因此，随着贾后、贾谧在政变中被杀，潘岳和石崇也都成了政治的陪葬品，金谷园也就此败落了。

值得一提的是，左思是"金谷二十四友"中最早从官场倾轧中激流勇退的人。他也曾依附贾谧，但在"八王之乱"后决意离开京城，隐退田园，为魏晋时期士人自由人格、独立精神的复兴保存了一丝希望。

291年—306年

自永熙以来，十有一载，人不见德，惟戮是闻。公族构篡夺之祸，骨肉遭枭夷之刑，群王被囚槛之困，妃主有离绝之哀。历观前代，国家之祸，至亲之乱，未有今日之甚者也。

——《晋书·列传第二十九》

空前混乱的皇族内讧

光熙元年（306年）一天夜里，在显阳殿里吃饼的晋惠帝中毒身亡，糊里糊涂地结束了自己任人摆布的一生。除了认识到嵇绍是个忠臣之外，这位天生智能低下的皇帝其他时候都是混沌糊涂的，听任皇后贾南风擅权乱政，连自己也在各路王爷的胁迫下时常狼狈出走、颠沛流离。

在位皇帝
晋惠帝司马衷

导火线
皇后贾南风专权乱政

时间
291年—306年

两个阶段
291年，贾后政变
299年—306年，八王先后起兵

核心人物
汝南王司马亮
楚王司马玮
赵王司马伦
齐王司马冏
长沙王司马乂
成都王司马颖
河间王司马颙
东海王司马越

最终胜利者
东海王司马越

助贾后扳倒杨骏

晋武帝司马炎有18个儿子，其中尚不包括未来得及封王便已夭折的8个。即使继承人才智平庸，无法将父亲开创的基业发扬光大，至少也能在精明强干的大臣辅助下稳住政局，不致皇权被皇后、权臣把控，以及八王之乱的发生。可惜他偏偏选了生性迟钝、智力低下的司马衷作为继承人。

司马衷为杨皇后所生的嫡子，由于同父同母的哥哥司马轨早死，按照宗法制的继承原则，他理所应当地在9岁时被册立为太子。晋武帝明知太子不能担负重任，但十分喜爱司马衷之子司马遹，为了保证这位自小聪敏过人的皇孙将来能够继承大统，他至死都没有更换太子人选。

太熙元年（290年），司马炎病重，由于开国功臣多已去世，皇后杨芷的父亲杨骏凭借国丈的特殊身份控制了朝政。图谋染指政事的贾后暗中派人联络汝南王司马亮，希望与其联合扳倒杨骏。司马亮因为害怕失败而表示推辞，楚王司马玮欣然赞同，主动请求从荆州带兵进入洛阳。

当时按照规定，诸侯王除非奉诏，否则不能随便进京。可杨骏竟大笔一挥，同意了。原来，他也有自己的如意算盘，觉得司马玮凶暴乖戾，留在地方上始终是个祸害，不如将其放到眼皮底下，不愁没有办法收拾。

有了楚王的支持，贾后在元康元年（291年）设计让晋惠帝下诏，宣布洛阳全城戒严，撤销杨骏所有职务，由司马玮率军抓捕。

得到政变的消息后，部下朱振向杨骏建议，先火烧云龙门示威，然后带着太子进宫捉拿变乱的罪魁祸首。生性怯弱、能力平平的杨骏却迟疑不决："云龙门是魏明帝时期建造的重大工程，怎么也算得上历史悠久的文物，怎么能轻易付之一炬呢？"眼见议论纷纷却成不了什么事，群僚一哄而散。最终，在马厩中躲避弓箭的杨骏被司马玮的士兵杀死，亲戚、党羽被诛灭三族，受牵连者达数千人。

听闻政变的太后杨芷心急如焚，将写有"救太傅（杨骏）者有赏"字样的帛书用弓箭射到宫外求救。结果这封书信被皇后贾南风公之于众，然后以惠帝的名义宣布太后与杨骏合谋叛逆，将杨芷贬为平民并囚禁在金墉城。在将其

二王互兵灭成都王
出自明刊本《东西晋演义》。西晋"八王之乱"中，成都王司马颖在东海王司马越、河间王司马颙的攻击下被灭。

活活饿死后，贾后还听信巫师之言，特意下令在杨芷的棺材上贴上灵符，防止她死后向晋武帝鸣冤。

兔死狗烹的司马玮

杨骏死后，朝政由汝南王司马亮、元老大臣卫瓘共同执掌。楚王司马玮负责指挥守卫京城北部的禁军，但他因为制定许多酷刑而招致朝野上下不满。司马亮、卫瓘就曾建议楚王离开中央，回到自己的封国去。对此怨恨在心的司马玮再次心甘情愿地充当起贾后的屠刀。

一天夜里，他收到司马亮和卫瓘专权、命令自己出兵缉拿的诏书。不过这一次，他隐约感到不对劲：按照规

八王世系简表

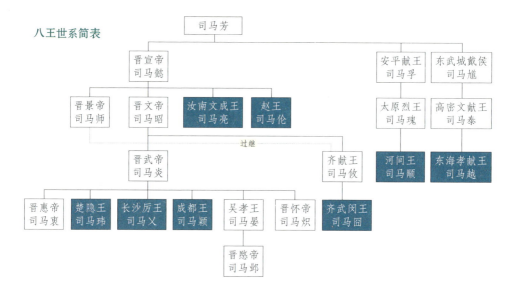

定,诏书应该写在专用的黄纸上,可这个命令却是写在青纸上。正在犹豫要不要当面问问皇帝以核实真伪,送信的黄门郎用不容置疑的语气说:"此次行动属于高度机密,肯定不能大张旗鼓地公布。难道连皇上的字你都怀疑吗?赶紧执行吧。"

于是,司马玮调动京城的禁军,一半奉着公命、一半宣泄私恨,将司马亮、卫瓘诛杀。

不料还没有来得及邀功请赏,便已大祸临头。第二天,宫中派人手持代表皇室的驺虞幡前来传令:司马玮假传旨意擅自杀害司马亮、卫瓘,不知情的军士只要放下武器各归各位,一律不予追究。司马玮顿时成了孤家寡人,只得束手就擒。临死时他都没有醒悟自己为什么会死,还特意向监刑的刘颂出示藏在怀里的一纸青色诏书,流着眼泪说,自己始终以为是在奉命行事,想不到为国尽忠却落得如此下场。

在这一阶段,两个重臣杨骏、卫瓘,两个藩王司马亮、司马玮相继丧命,朝政大权被贾后完全掌控,她的族兄贾模、内侄贾谧、母舅郭彰等党羽均被委以重任。不过,将政治玩弄于股掌之中的贾南风不曾想到,自己的末日也即将到来。

百日皇帝司马伦

元康九年(299年),"八王之乱"进入第二阶段,赵王司马伦率先登场。

司马伦是司马懿第九子、司马炎的叔叔、惠帝的叔祖父。在太子司马遹遭陷害而被废黜时,司马伦便打算起兵找贾南风报仇。亲信孙秀建议说:"太子一向认为您是贾后的私党,倘若现在就去救他出来,您未必能得到感激和重用。按照目前的形势发展下去,贾后必定加害太子,我们不如静观其变,到那时再动手，既可以打着为太子报仇的旗号，又足以给自己创造平步青云的机会啊。"司马伦同意了。

司马遹遇害后，司马伦立即伪造诏书，率军入宫，派齐王司马冏带一百兵士逮捕贾后，将其废为庶人，很快以金酒赐死。司马伦自封相国，从此一手遮天。永康二年（301年）正月，惠帝被迫交出玉玺、印绶，以太上皇的身份迁居金墉城。登基称帝的司马伦名义上派兵加以保护，实则将其囚禁。历史上叔祖父做皇帝，侄孙反倒被尊为太上皇的，恐怕只此一例。

为了笼络人心，新皇帝大肆加官晋爵，得到封侯者数以千计，甚至连当差的奴役也被授予爵位。在原来的人事编制中，陪伴皇帝左右的侍中、常侍只有4人，到了司马伦在位时，这个数字竟达到了将近一百。由于人数激增，高级官员帽子上的贵重装饰——貂尾一时短缺，只好用狗尾来代替，于是有了"狗尾续貂"的成语。府库中储备的金银也不够冶炼铸造王侯将相的印章，只好先发放一些尚未刻字的白版应付了事，所以又有了"白版封侯"的奇特现象。

司马伦缺乏治国能力，党羽之间又钩心斗角，人心不稳。身处许昌的齐王司马冏，联合长安的河间王司马颙、邺城的成都王司马颖乘机起兵讨伐。司马伦在付出死亡10万士兵的惨重代价后宣布退位，前后一共只当了100多天皇帝。惠帝回到洛阳复位，司马伦则带着家眷前往金墉城居住，最终被赐金屑酒而死，与贾南风的结局如出一辙。

任人摆布的皇帝

齐王司马冏在司马伦死后主持朝政，但不可一世的他俨然把自己当成了皇帝，这就给其他有野心的藩王提供了讨伐的借口，太安元年（302年）被驻军洛阳的长沙王司马乂消灭。

永兴元年（304年），司马乂在一场政变中被铁链捆在石柱上，四周用通红的炭火活活烤死。拥兵20万的成都王司马颖担任丞相，并获封皇太弟，成为皇位的法定继承人。

司马颖不愿待在洛阳，而是选择回到根据地邺城来遥控朝政，其专权独断、任人唯亲的作风引起东海王司马越的极度不满，后者云集10余万士兵，挟

◆ **真正的大丈夫** ◆

羊献容是晋惠帝的第二任皇后，在八王之乱中先后经历五次皇后之位的废立。前赵军队攻陷洛阳后，她被刘曜纳为妾室，后来又被立为前赵皇后。在比较两个帝王丈夫时，她这样评价司马衷："他是一个导致亡国的昏庸君主，连一妻一儿乃至自己这三个人都无力保护，贵为帝王却在凡夫俗子手中受尽屈辱。自从侍奉刘曜，我才知道天下还有真正的大丈夫！"

持晋惠帝北上进攻邺城。

双方在荡阴（今河南汤阴）展开激战，司马越最终溃败，逃往下邳（今江苏睢宁）。惠帝面部受伤，身中三箭，情势危急之时，百官和侍卫纷纷逃命，只有嵇康的儿子嵇绍挺身护卫。司马颖的士兵把嵇绍按在马车前的辕木上准备杀害。晋惠帝说他是忠臣，为之求情，但士兵不准。司马颖将惠帝的年号改为建武。但到了当年八月，他便被王浚击败，带着司马衷仓皇逃到洛阳，一路上只有粗米充饥。

十一月，惠帝又被河间王司马颙劫持到了长安，后者独揽大权，并宣布废除司马颖的皇太弟身份，命令其返回封地成都。

第二年，司马颙、司马颖、司马越的军队在中原展开了混战，中央政府名存实亡。司马颖被俘不久被杀，两个儿子也随之丧命。甚至在他死后数年，开封地区流传他还有个十几岁的儿子流落在百姓家，结果也被司马越派人追杀，以斩草除根。同年，司马颙在接受征召、赴任司徒的路上被掐死在马车之中，三个儿子也同时被杀。

至此，东海王司马越成为"八王之乱"最终的胜利者，一手掌握了朝政大权。从元康元年（291年）到光熙元年（306年），汝南王司马亮、楚王司马玮、赵王司马伦、齐王司马冏、长沙王司马乂、成都王司马颖、河间王司马颙、东海王司马越等西晋皇族先后加入夺权的混战之中，实际参与者远不止这八个人，但他们却是核心人物，《晋书》将他们汇集在同一篇列传中加以记载，史称"八王之乱"。

光熙元年（306年）十一月，晋惠帝中毒而死，皇太弟司马炽继位，是为晋怀帝。

七国之乱与八王之乱比较

七国之乱	八王之乱
西汉景帝时期	西晋晋惠帝司马衷
刘邦建汉后大肆分封同姓王，并实行郡国并行制，最终对皇权形成威胁	晋惠帝愚顿，贾后专政，引发宗室与外戚趁机争权夺利
起因：汉景帝采用晁错的《削藩策》，先后下诏削夺楚、赵等诸侯国的封地	起因：贾后与杨骏争夺朝堂控制权，命令汝南王司马亮、楚王司马玮带兵进京
大臣晁错被冤杀	东海王司马越最终掌握了朝廷大权
历时约3月，以中央军获得胜利，朝廷自此巩固和加强了中央集权，西汉王朝的实力越发强大	历时16年，夹杂有流民起义、氐人变乱及成汉和汉赵趁机挑起的战争，使西晋力量消耗殆尽，拉开了"五胡乱华"和西晋灭亡的大幕

西晋·绿釉扁壶
壶身扁平,肩腹部带系,便于穿绳提携。上窄下宽,底部双足,扁腹两面印有花卉和眼睛图案。通体绿釉,纹饰清晰,造型奇特。现藏于美国弗利尔美术馆。

308年

自古夷狄为中国患者有矣，未闻入而帝中国也者，有之，自刘渊始……然渊每闻诸将屠杀之惨，则深戒谕之，用贤纳谏，恭俭勤劳，卓有中国君人之度。

——《晋五胡指掌》

刘渊建汉

圣人降世，必有异象。当呼延氏在黄河峡谷的龙门处祈求神灵保佑她早生贵子时，眼前忽然出现一条头上长着一对犄角的大鱼逆流而上，过了很长时间才消失。听说鲤鱼跃过龙门就会幻化成龙，难道自己的儿子真是大富大贵之命，将来注定要飞黄腾达？

时间
308年

民族
匈奴族

出身
西汉冒顿单于的后代挛鞮家族

建国
汉赵或前赵

都城
平阳（今山西临汾）

年号
元熙（304年—308年）、
永凤（308年—309年）、
河瑞（309年—310年）

刘渊
刘渊（约252年—310年），字元海，新兴（今山西忻州北）匈奴人，是匈奴左部帅刘豹的儿子。刘渊在父亲死后接掌其部属，后为北部都尉。八王之乱时南匈奴族人拥立其为大单于。刘渊乘朝廷内乱而在并州自立建国，成为五胡十六国时代中汉（前赵）的开国君王。

文韬武略

祭神祈子回来，呼延氏当晚梦见白天看见的那条大鱼变化成人，左手拿着半个鸡蛋大的"圣物"，对自己说："这是太阳的精华，你吃了它就能如愿生下贵子了。"丈夫刘豹听了这段奇遇后，一拍脑袋猛然想起："当年邯郸的司徒氏曾经给我看相，说我会有显贵的子孙。加上你刚刚描绘的异象，相信这是个大大的吉兆啊。"十三个月后，一个男孩呱呱坠地，因为他左手生来就有个"渊"字的纹路，于是有了"刘渊"这个名字。

刘渊（约252年—310年），字元海，七岁丧母，人们见他号啕大哭、伤心欲绝，无不称赞他的孝顺。除了品质优良，他还勤奋好学，幼年时拜师上党名士崔游学习，尤其喜爱《春秋左氏传》

《孙吴兵法》这两部著作，曾在课下和同学朱纪、范隆谈古论今："每次看历史传记，我都不由得要鄙视一下随何、陆贾缺乏武功，周勃、灌婴缺少文才。随何、陆贾遇上汉高祖而不能够建立封侯功勋，周勃、灌婴跟随汉文帝却没有开创教化大业，实在可惜啊！"

刘渊并没有评头论足的书生狂妄，因为他就是文武双全最好的诠释。除了饱读诗书，身材魁梧、膂力惊人的他对骑马射箭也十分精通。器宇不凡的刘渊因为特殊的身份而遭遇不少忌妒和打压，甚至险遭杀害。

非我族类

魏晋时期有"质子"的惯例，归顺的民族首领为了表示对政权的忠诚，要把儿子中的未来继承人送到京城做人质，这样，令他们在叛乱前多少有点投鼠忌器。作为南匈奴左贤王的儿子，刘渊在咸熙年间来到洛阳。当时主政的司马昭早就听说他器宇轩昂，热情接见了他，但都不予重用。既然被人见外，刘渊也不着急，凭借自己从小受汉文化熏陶的优势，顺利结交了当朝名士王昶、王浑等人。

西晋建立后，王浑经常在晋武帝面前推荐自己的老乡刘渊："论仪表堂堂，刘元海绝对不输春秋的由余或者汉代的金日䃅，文韬武略又远在那两人之上。陛下若能派他去平定东吴，相信绝非难事啊。"晋武帝正欲欣然答应，大臣孔恂、杨珧进言："刘渊得不到重用，就成不了大气候。可一旦授予他权力，让他树立起威望，只怕他在平定东吴后不回来了，就地称王也不是没有可能啊。"晋武帝沉默不语，刘渊依然没有得到历练的机会。

孔恂、杨珧口中"非我族类，其

魏晋·彩绘六博图壁画砖
白底为饰，绘两个戴冠、身着交领束腰的男子对坐弈棋情景。两人中间放一长方形棋盘，盘上摆有棋子和筹，正在进行中国古代的一种博弈游戏——六博。

西晋·彩绘骑马陶俑

骑士面容严肃,头戴盔甲,身着戎服,交直领,紧身小袖,圆头靴。马体雄壮,四肢有力,尾上扬短直,似乎正在等待命令前行。现藏于美国弗利尔美术馆。

心必异"这八个字，代表了朝野上下相当一部分汉人的思想观念，他们鄙视、提防甚至仇视胡人，这样巨大的民族隔阂在短时间内很难消除。刘渊屡屡被排斥的经历只是汉、匈两族尚未真正融合的一个缩影。

咸宁五年（279年），父亲刘豹去世，朝廷任命刘渊代理匈奴左部统帅。蛟龙入海，必风起云涌，刘渊终于可以施展一番作为了。他赏罚分明，禁止各种奸邪恶行，仗义豪爽，轻财好施，礼贤下士，匈奴的豪杰纷纷投靠麾下，就连周围幽州、冀州的知名儒生都不远千里来此游历。人才会聚，兵强马壮，拥兵自立的根基逐渐稳固，而时机也在慢慢向他走来。

借汉室之名自立

如果西晋不自乱阵脚，即使匈奴五部重新团结起来也可能不足以对抗中央。恰在此时，八王之乱爆发，长期的内斗严重削弱了西晋国力。成都王司马颖想拉拢匈奴帮自己打内战，封刘渊为北单于。效仿前辈刘邦，刘渊在匈奴贵族的拥戴下于永兴元年（304年）先是自称汉王，四年后进一步称帝，国号汉。

刘渊从亲身经历感悟出，想要立足中原，必须赢得民心，即使自己文武双全，

洛阳咏古

石勒童年有战机，
洛阳长啸倚门时。
晋朝不是王夷甫，
大智何由得预知。
——唐·司空图

但在讲究民族成分和门第出身的魏晋时期，单凭胡人血脉很难得到广大汉人的拥护。他和大臣商量后决定打起汉室的旗帜，以此来招揽人心，巩固统治。

但自己跟汉室有什么能牵连上的瓜葛呢？追溯历史，刘渊的祖先是西汉初年匈奴的首领冒顿单于，冒顿的后代以刘氏作为汉姓，正是从汉匈和亲政策开始的。当时汉、匈约为兄弟，现在哥哥亡了，由弟弟来继承天下，不也说得通吗？

为了把这出"兄终弟及"的戏演好，刘渊不但把汉高祖以下的列祖列宗牌位供奉出来，还把蜀汉的末代皇帝刘禅牌位重新装裱成孝怀皇帝公开祭拜。匈奴汉国影响力的迅速扩大，使得鲜卑族陆逐延、氐族酋长单征、东莱王弥等反晋势力以及冀、徐、豫、兖等州的数万流民，都纷纷归顺和依附。随着刘渊在西晋版图上独立门户，"五胡乱华"的序幕由此揭开。

西晋·陶俑
1958年于湖南长沙金盆岭出土，现藏于中国国家博物馆。

> 305年—330年

大丈夫行事当磊磊落落，如日月皎然，终不能如曹孟德、司马仲达父子，欺他孤儿寡妇，狐媚以取天下也。

——《晋书·载记第五》

石勒称帝建后赵

悲惨的俘虏生涯没能消磨掉天生的威武，在兵荒马乱之中，昔日所读之书丰富了他的胆识和头脑，是金子总会发光的，当合适的机遇到来之时，一切都水到渠成。

出身
奴隶

文化程度
文盲

民族
羯族

籍贯
上党武乡（今山西榆社）

称帝时间
太和三年（330年）

政权名称
后赵

国都
襄国（今河北邢台）

四处流亡

羯族属于塞外胡人，是中国历史上非常少见的一支白种人游牧族群，被匈奴打败后成为他的一支奴隶部队。汉朝时期被南下的匈奴带入中原，活动在山西上党、武乡一带。

石勒的祖父耶奕于和父亲周曷朱（又名乞翼加）都曾是部落的小头目，但作为匈奴的俘虏，日子过得并不容易，除了跟随匈奴四处劫掠以外，有时还得给汉人打工才能勉强糊口。西晋太安年间（302年—303年），并州发生大规模饥荒，石勒在和族人一起流亡的过程中不幸走散，被当时正四处抓捕胡人、通过买卖人口来筹措军饷的东瀛公司马腾卖到山东，成了茌平人师欢的一个奴隶。

干完农活在田边休息时，奴隶们特别喜欢聚在石勒周围，听他讲自己的非凡经历：据说他出生时一道白气从天上直通他家屋顶，屋子里

十六国后赵·"大赵万岁"瓦当
十六国后赵时期遗物，邺北城遗址十六国时期文化层出。读法顺序为上下左右，文字介于隶楷之间。

则满是红光和异样的芳香，看到的人无不惊奇，说只有大富大贵之人出生才会伴有这样的异象。从小到大，他的耳边还一直回响着刀枪碰撞、战马嘶鸣、士兵喊杀的声音，别人却听不到，总嘲笑说他这是耳鸣、幻听甚至精神错乱。一传十，十传百。主人师欢听说了以后也觉得此人不凡，于是免除了他的奴隶身份。

胡人大多以放牧为生，石勒对养马自然很有经验，逐渐结识了牧民首领汲桑。"石勒"这个名字，正是汲桑给他取的。也因为汲桑，石勒重新成了一名战士。永兴二年（305年），汲桑带着石勒等18个牧民和几百匹骏马，投靠公师藩。在公师藩被濮阳太守苟晞打败杀死后，汲桑决定自己单干。

永嘉元年（307年），汲桑发动起义，自称大将军，任命石勒为前锋，攻打周围郡县。但好景不长，他们先后被兖州刺史苟晞和冀州刺史丁绍击败。汲桑在乐陵地区被流民杀死后，石勒一路流亡，最终选择投靠当时胡人在中原的领袖——匈奴汉国刘渊。

石勒归汉

石勒被任命为辅汉将军，但在众多将领里，他还没立过什么功劳。当时驻守在乐平的乌丸人伏利度有两千兵力，屡次拒绝刘渊的招降。石勒假装在前赵犯了过错，畏罪潜逃到伏利度这里请求收留。伏利度见他相貌堂堂、打仗

石勒令儒生读史
出自明刊本《东西晋演义》。描绘了石勒建后赵后，选权贵子弟入学，授以儒学经典时的场景。石勒非常重视教育，不仅设立了太学，以明经善书的官吏作文学掾，选部下子弟300人接受教育。后来，又在全国设立了很多小学，选部下和豪族子弟入学。石勒更曾亲临学校，考核学生对经典意义的理解，成绩好的就获奖赏。

勇猛，就和他结为兄弟，让他率领胡人四处劫掠，果然所向无敌。很快，石勒成为部下最敬畏的领袖。他趁机抓住伏利度，问士兵："如果要做大事成大业，我和伏利度谁更适合做你们的主帅？"游牧民族向来以强弱定输赢，士兵们一致推举石勒成为新首领。于是石勒放了伏利度，带着部队一起归顺刘渊。

刘渊从这件事里看到了石勒有勇有谋，非常信任地把伏利度的军队交给

他指挥。随着石勒接连攻陷壶关、魏郡、邺城、赵郡和冀州，他不断加官晋爵，手中的兵力也逐渐超过10万。

这时他意识到，身处乱世，想要谋一番事业，光有勇猛和谋略是不够的，还得有政治眼光和手段。人贵有自知之明，他不再靠自己一个人打拼，而是招贤纳士组建君子营，从此拥有了属于自己的智囊团。其中的首要人物，就是人称"算无遗策、机无虚发"的十六国第一谋士张宾。

张宾从小好学，博览群书。胸怀大志的他曾对兄弟感叹说自己是张良，遇不到汉高祖，当他看到石勒的所作所为后，立即断言："在我见过的那么多将领中，只有他才能成就一番伟业。"于是张宾毫不犹豫地投奔石勒。

在张宾的谋划下，石勒开始专心经营自己的势力，为后来雄踞一方打下了坚实基础。

鹿死谁手尚未知

在一次宴会上，君臣正谈古论今。酒兴正浓的石勒问："你们觉得我可以和历史上哪一个开国皇帝相提并论？"参军徐光回答："陛下的勇猛和谋略超过汉高祖刘邦，胜过魏武帝曹操，三皇五帝以来，仅仅略逊于轩辕黄帝吧。"石勒笑着说："人哪能没有自知之明啊。若是碰到刘邦，我会和韩信、彭越争先恐后地为他效力，如果是和光武帝刘秀逐鹿中原，尚不知鹿死谁手。我的才干应该在刘邦和刘秀之间，哪敢和轩辕氏相提并论呢！"

石勒城遗址
位于山西襄垣县西营镇城底村，这里有石勒屯兵营地和护兵驻地，村东的花果园村为石勒的花园。遗址东西长1000余米，南北宽800余米，城墙基础大部清晰可辨。

西晋·庖厨陶男俑（一组）

四人均包头戴冠，圆眼大鼻，嘴微张或紧闭，正在做面食，分工不同，表情不一，非常专注。魏晋南北朝时期是中国饮食文化的交融期，各民族都把自己的饮食习惯和烹饪方法带到中原腹地，从西域地区来的人民，传入了胡羹、胡饭、胡炮、烤肉、涮肉等烹庖制法；从东南来的人民，传入了叉烤、腊睬等烹庖制法；从南方沿海地区来的人民，传入烤鹅、鱼生等烹庖制法；从西南滇蜀来的人民，传入了红鱼等饮食珍品。这些风味各异的食品极大地丰富了魏晋南北朝时期中国饮食文化的内容。这时期发明和普及使用了烹调方式中的炒菜方法，大大丰富和促进了中国传统烹调技法。

称帝建国

汉河瑞二年（310年），刘渊病逝，长子刘和即位，不久弟弟刘聪弑君篡位。石勒不插手刘姓之间的内乱，选择继续效忠刘聪。在发展势力期间，石勒采用谋士张宾的计谋，趁机铲除了对自己很有威胁的汉国另一位大将王弥。

石勒和王弥表面上一团和气，但都非常忌惮对方的骁勇，暗中防备彼此。石勒活捉了西晋名将苟晞，并没有记恨对方曾经击败过自己，而是任命苟晞为左长史，王弥听说后特地写信讨好说："你不计前嫌，实在令人称奇啊。要是苟晞做你的左长史，我当你的右长史，相信整个天下都唾手可得啊！"

石勒看出对方试图鼓动自己谋朝篡位，以便趁机渔利，于是找张宾商量对策。张宾建议先麻痹王弥，在取得他的信任后再寻找机会加以消灭。

另一边，王弥的属下刘暾则是建议联合青州的曹嶷合力消灭石勒。但当刘暾带着王弥写的书信前往青州时，中途被石勒属下的流动骑兵截获，不但自己被处死，王弥的计划也被暴露，而王弥却浑然不知石勒已经决意要消灭自己了。

不久，王弥与晋军刘瑞对峙不下，就向当时正在进攻陈午的石勒求援。石勒本来不想答应，但张宾却劝他这是借机设局除掉王弥的好机会。于是石勒亲自率军支援，斩杀刘瑞，解除了王弥的危机。王弥很高兴，相信石勒是可靠的盟友。当盟友提出请他赴宴时，王弥不顾部下张嵩的劝阻贸然前往。酒酣耳热之际，被伏兵杀死在宴席之上，部队则被石勒一举兼并。皇帝刘聪虽然生气，但也无可奈何，便让石勒掌管并州和幽州的军事。

麟嘉三年（318年），刘聪病逝，太子刘粲即位，靳准很快发动政变将其杀死。镇守长安的中山王刘曜表示反对，发兵进攻靳准。行军到赤壁（今山

西河津赤石川）时，干脆即位称帝，改国号为赵。

第二年，石勒派左长史王修献捷报给刘曜，刘曜本来决定加封石勒为赵王，享受一系列特殊待遇，但当王修启程返回后，刘曜又听信曹平乐的说法，以为石勒派王修前来其实是要探听虚实，随后大兵压境，夺取政权，又派兵将王修追回并杀害。得知王修被杀，石勒大怒："我尽心效忠刘氏，做得比作为人臣应尽的本分更多。刘氏的基业都是我打下来的，今日竟想着要算计我。赵王、赵帝，我自己也能给自己，哪还用得着由他们来赐予！"随即于襄国（今河北邢台）即赵王位，建立的政权也叫赵国。为了加以区别，历史上把刘氏的赵国称为前赵，石勒建立的赵国称为后赵。太和三年（330年）九月，石勒正式称帝，完成了从奴隶到皇帝的华丽变身。

不过，石勒对于那段在汉人家里做奴隶、备受欺辱的经历刻骨铭心，在攻城略地中大量屠杀汉人，甚至连俘虏也不放过。他对别人把羯族人称呼为"胡人"的做法大为不满，即位后颁布法令：说话、写文章，一律不准出现"胡"字，违者杀无赦。有一天吃饭时，石勒指着一盘胡瓜问樊坦："爱卿你可知道这个菜叫什么名字吗？"樊坦看出这是皇帝故意在考他——胡瓜是汉朝张骞出使西域时带回来的，因此叫胡瓜。他恭恭敬敬地回答："紫案佳肴，银杯绿茶，金樽甘露，玉盘黄瓜。"石勒听后，满意地笑了。自此，胡瓜被称作"黄瓜"，新名字迅速流传开来。

石勒问道图

明代佛画，现藏于美国史密森尼博物馆。此图描绘的是历史上后赵皇帝石勒礼拜西域高僧佛图澄的场景。这也是佛教僧侣在中国第一次被尊为皇帝之师，也使佛教在中国首次为最高统治者所尊崇信仰，成为"国教"。佛图澄(231年—348年)，是一位深受历代佛教徒钦敬的著名僧人，西域人，享有神僧之称。在后赵两朝皇帝石勒和石虎的"厚待"下，佛图澄建造佛寺多达893座，直收弟子数千人。他的大弟子道安成为全国佛教的中心人物。

> 309年和311年

丁酉，刘曜、王弥入京师。帝开华林园门，出河阴藕池，欲幸长安，为曜等所追及。曜等遂焚烧宫庙……百官士庶死者三万余人。帝蒙尘于平阳，刘聪以帝为会稽公。

——《晋书·帝纪第五》

洛阳陷落

洛阳城的历史可以追溯到周公营建洛邑，东周、东汉、曹魏、西晋先后在此建都，使其成为中原地区的政治和文化中心。随着战乱时代的降临，作为国家都城的洛阳再次成为各方势力争夺的焦点，饱受战火的摧残……

三次被攻
309年，刘聪两次攻洛阳；
311年，刘曜、王弥攻洛阳

标志性事件
永嘉之乱

主要后果
晋怀帝被俘
官民死亡三万余人
洛阳宫殿被焚毁

西晋·铜弩机
石景山区八宝山华芳墓出土，现藏于首都博物馆。弩机，是弩的重要构件之一，装置于弩的后部。弩机作为一种具有远距离杀伤力的冷兵器，在古代战场上一直发挥着重要的作用。

洛阳告急

永嘉二年（308年），匈奴汉国刘渊称帝，并且准备趁中原八王之乱的时机，对西晋发动大规模的军事进攻。第二年秋冬时期，刘渊派儿子刘聪率石勒、刘曜等将领进攻洛阳，由于西晋军队顽强抵抗，匈奴汉国未能攻克城池，最终败退。

两个月后，刘聪带王弥、刘曜等将领再次进攻洛阳。西晋以为对方刚刚吃了败仗，短时间内不会再度南下，因而疏于防备，等匈奴大军已经抵达洛阳附近的洛水时，这才惊慌失措，仓促备战。幸亏凉州刺史张轨手下督护北宫纯及时赶到，率西凉军趁夜偷袭汉军大营。刘聪部下征虏将军呼延颢被击杀，指挥呼延翼也在乱军中被活活踩死，部队因丧失主帅而溃退。此时，西晋各路勤王救驾的部队也陆续到达，刘聪被迫撤军。然而他从这次进攻中看到西晋军队又少又弱，劝父亲千万不能因呼延翼等人的死而放弃进攻计划，刘渊表示同意。

西晋·玻璃钵

北京市石景山区八宝山华芳墓出土，现藏于首都博物馆。绿色，透明，腹部有椭圆形乳钉装饰，可能是从伊朗高原进口的早期萨珊玻璃制品。

刘渊不久患病去世，刘聪杀死哥哥刘和而称帝，登基3个月后就派刘曜、王弥领兵4万第3次南下攻城，洛阳告急。在此关键时刻，南方各地的将领要么观望，要么只是象征性地出兵救援。荆州刺史王澄带着部队以极慢的速度行军，刚到河南南阳就听说前锋山简战败被俘，于是立刻掉头跑回了荆州。

此时的洛阳城内，挟持晋怀帝司马炽、总揽朝政大权的东海王司马越为了躲避匈奴的锋芒，竟带着亲信大臣和精锐部队逃到了河南许昌，留下晋怀帝和老弱病残守在京师，以致连守卫皇宫的士兵都没有了。随着粮食供应宣告中断，城内发生大规模饥荒，洛阳成了人间地狱。征东大将军苟晞建议迁都仓垣，以便解决粮食危机，晋怀帝虽然答应，但是朝中官员却因贪恋财宝和家室而不肯跟随。皇帝只好独自前往仓垣，由于没有足够多的士兵跟随守卫，刚一出门就遇到盗贼打劫，只好折返回宫，基本上算是坐以待毙了。

石勒灭晋

怀帝因为气愤司马越的临阵出逃，秘密命令苟晞带兵讨伐。司马越听说以后又急又怕，很快病死。

王衍当时担任太尉，掌管全国军务，名望最高，众人一致推举他担任晋军元帅。但他惧怕失败而不敢担当重任，只想着如何设法保全自己，所以极力推辞说："我从小就没有做官的愿望，如今升迁到现在的地位，纯属运气而已。像战争这种关乎社稷的大事，怎能让我这样才能平庸的人来担负呢？"最后，他给自己找了个护送司马越棺椁回东海国（今山东郯城北）安葬的任务借机离开，而护送他本人的则是当

晋怀帝司马炽生平简表

时间	事件
284年	出生，生母为晋武帝中才人王媛姬，后被晋武帝皇后杨芷收养为儿子
290年	被封为豫章王
291年—306年	未参加"八王之乱"，也不热衷结交宾客，但钻研史籍
301年	先被罢黜散骑常侍，晋惠帝复位后先任司马炽为射声校尉，后任镇北大将军，同年被立为皇太弟
307年	即位，改元永嘉；但朝政被司马越把持
311年	三月密诏苟晞讨伐司马越；四月王衍与石勒作战，晋军全灭

西晋·谷仓罐

又称"魂瓶"或"堆塑罐",是流行于三国孙吴至西晋期间的一种形式独特的随葬品,多出土于江苏、浙江两省。为平底,口沿以上部分堆塑楼阁、房屋、人物、飞鸟、走兽等,有的还有佛像和其他的装饰图案。这是为了祭奠死者、超度亡灵而专门烧制的随葬明器。

时西晋仅剩的核心军事力量——10余万大军。

结果，这支晋军在途中被石勒军队包围并歼灭，王衍被活捉，与其一同成为俘虏的还有襄阳王司马范、任城王司马济、西河王司马喜、梁王司马禧、齐王司马超等一大批皇族重臣。

当石勒询问起西晋旧事时，王公大臣们害怕被杀，纷纷抢着回答，王衍甚至向他分析了西晋失败的原因，并反复辩解说这个责任不在自己身上。石勒反驳说："你的名声传遍天下，且身居高官要职，从年纪轻轻到白发苍苍始终被朝廷重用，怎么能说自己不愿从政呢？身为大臣，你不但不负起维护国家的责任，反而怂恿我脱离匈奴汉国、自立称帝，这不正是你的罪过吗？！"

石勒私下跟参谋孙苌商量："我行走天下这么多年，从来没见过这样的人，难道还有让他活下去的理由吗？"孙苌说："他是西晋的三公，尚且不愿为朝廷尽忠，当然也就不可能为我们出力，杀了他有什么值得可惜的呢？"石勒于是命令士兵在半夜推倒墙壁将王衍等人压死。

西晋·幽炼三商铜镜
铜镜上饰有异兽纹，并刻有"幽炼三商""君宜高官"等字样。镜体有绿锈。

王衍临死前悔恨地说："唉！如果我们平时不沉迷于奢侈浮华、醉生梦死的生活，勉力来匡扶天下，恐怕也不至于沦落到今天这样凄惨的境地啊！"

永嘉五年（311年），刘曜、王弥攻陷京师洛阳，晋怀帝和羊皇后被押送到汉国都城平阳，刘聪为了羞辱西晋，特意命令司马炽穿着青衣、裹着幞头，以一身完全不符合皇帝身份的打扮站在自己身后充当服务员，给宴会上的王公贵族们斟酒、洗杯子。这就是历史上著名的"青衣侑酒"的典故。

尽管晋怀帝隐忍苟活，也还是在永嘉七年（313年）被刘聪派人毒死，时年30岁。而洛阳城内的其他人则更加悲惨，西晋几百口皇族不论老幼，悉数沦为奴仆，大臣、平民被杀者共计3万余人。洛阳宫殿收藏的珍宝被全部掠夺，然后又被付之一炬，化为灰烬。这场惨烈的都城沦亡之祸只有后来北宋的靖康之难可以相提并论，史称"永嘉之乱"。

永嘉之乱，开启了北方五胡乱华的局面，中原陷入胡人分裂混战局面近130年，影响深远。

西晋末年

异哉,晋氏之有天下也!自雒阳荡覆,衣冠南渡,江左侨立州县,不存桑梓。

——《史通·邑里第十九》

衣冠南渡

风雨飘摇的西晋王朝已经自顾不暇,再也无力守护万千黎民,汉人在异族破城后惨遭杀戮,任凭他们悲痛哭号,也改变不了人命如草芥的世道。随着都城洛阳轰然沦陷,3万臣民死于非命的事实催生了衣冠士族渡江南逃的信念,他们纷纷涌向尚未沦亡的国土——江南。

别称
永嘉南迁

参与人员
士族、家眷及其同乡

规模
约90万

主要路线
沿汉水一线;
沿邗沟一线;
沿淮河一线

主要影响
中国第一次人口大迁徙
推动南北方交流与融合
促进了江南地区的发展
为经济重心南移奠定基础

避乱内迁

永嘉五年(311年),王衍负责护送司马越棺椁回东海国安葬,随行的10余万晋军在宁平城(今河南郸城)遭到石勒指挥的匈奴骑兵重重包围,在弓箭猛射之下,没有统一号令的晋军只顾逃命,自相践踏而死的尸体堆积如山。石勒对待俘虏非常残忍,要么杀死、烧死,要么直接煮熟做成军粮。

而这只是北方战乱的冰山一角。或许是出于之前沦为汉人奴隶时遭到打骂虐待的报复心理,匈奴政权的刘曜和羯族首领石勒,在攻城略地中经常残

魏晋时期贵族像
笼冠、大袖衫是魏晋时期贵族男子的风尚服饰。笼冠并非出自胡俗,而是先在中原地区流行以后,才逐渐传到北方,成为北朝时期的主要冠式之一。

酷屠杀汉人。

"永嘉之乱"后，北方经历了五胡十六国长达100多年的战乱，中原的汉族士族纷纷渡过长江，移居南方，由于西晋时期的士族无不穿着传统汉服，峨冠博带，风度翩翩，因此这次代表中原汉族文明南迁的现象被称作"衣冠南渡"。与这些官员、大户同行的，还有大批同乡父老。有时候，跟随一户大地主南渡的竟达到千余家，人口有数万之多。据估计，永嘉年间南渡的人口规模超过100万。在他们南逃以后，北方剩下的人口包含了大量穿着胡服的非汉民族，原来的中原故土、文化之乡反而被南方士族视为野蛮落后的地方。

永嘉南渡中有三条主要的迁移路线：一是沿汉水一线，陕西、甘肃等西北地区的移民由此南下；二是沿邗沟一线南下，山东、江苏北部人口由此迁移到镇江、武镇等地；三是沿淮河一线，河南一带的士族大部分由此渡河前往安徽等地。

时尚洛阳腔

当时，琅琊王司马睿为镇东大将军，驻在建康（今江苏南京）。所以许多士族在南渡后涌进建康，短短几年内，城内就挤满了从北方来的外地人，数量甚至超过了当地人口，以至于城市的风俗和习惯都大大改变，从此不再是单纯的江南城市，而是逐渐成为融会南北风格的全国性大都市。

首都洛阳的腔调甚至成了语言界的时尚。当时谢安能用洛阳地区特有的书生腔来念书吟诗，一时间风靡南京，

历史上的三次衣冠南渡

时间	原因	迁徙路线	主要事件	影响
西晋末年	永嘉之乱	由洛阳到建康（今南京）	晋元帝率中原汉族臣民从京师洛阳南渡，这是中原汉人第一次大规模南迁，主要有林、陈、黄、郑、詹、邱、何、胡八姓	东晋开国，中国进入南北朝时期
唐玄宗末年	安史之乱	由长安（西安）到金陵（今南京）	为避战乱，中原士庶避乱南徙，这次南渡在一定程度上造就了江南的经济和人文基础	唐朝由盛转衰，进入战乱和藩镇割据时代
北宋末年	靖康之乱	由东京（开封）到杭州	金兵攻破都城，并大肆掠夺财产，赵氏皇族及大量人口被金人挟持北上，皇室幸存者及中原汉族大量向南方迁移	江南地区取代中原成为新的经济重心

东晋士族争相效仿，但不管怎么学，就是不地道。原来要想学洛阳话，必须捏住鼻子发音，而谢安刚好得了鼻炎，鼻音比较重。一些南方名门想和中原南渡的世家结亲，对方会要求其子女必须会讲洛阳话，否则想也别想。南齐时期，齐武帝想赐大臣胡谐之的子女与贵族联姻作为奖赏，鉴于胡家的人都讲方言，便挑选宫中的四五个人去他家教子女说洛阳话。两年后，皇帝问："爱卿的家人现在语音标准纯正了没有？"胡谐之很惭愧地回答："皇上您派来的宫人太少，臣家里的人太多，最后家人不但没学会官话，反而使宫人也会说一口流利的方言了。"齐武帝哈哈大笑，后来还经常向朝臣说起这件事情。

乌衣巷

衣冠南渡之后，王导与稍晚于他的谢安都住在建康青溪与秦淮河之间的乌衣巷。乌衣巷是三国时东吴禁军驻扎的地方，禁军身着黑色军服，故此得名。东晋的高门士族都住在这里。后来唐人刘禹锡游南京，曾感慨赋诗："朱雀桥边野草花，乌衣巷口夕阳斜。旧时王谢堂前燕，飞入寻常百姓家。"

世家大族出现

在江南的其他地方，同样出现了操着各地方言的大量新来人口。为了安排他们顺利地落地生根，司马睿在江南的郡县里划出一块地区供南渡士族集中居住，仍以北方原来的郡县命名。例如，从建康到京口（今江苏镇江）一带，以山东和徐州地区来的人最多，于是在京口设立"南徐州"来统一管理，下设的侨郡和侨县有20多个。最早建立

的侨县叫"怀德县",后来改名"费县",这个县是专门安置从山东琅琊跟随司马睿一同南渡的同乡,由于他们与琅琊王关系密切,所以被就近安排在建康周边居住。

其中,琅琊王氏、陈郡谢氏、汝南袁氏、兰陵萧氏,都是地位显赫、势力庞大的世家大族。琅邪郡(今山东临沂)王氏是汉代就存在的老牌世族,整个家族在魏晋南北朝正史中有传记专门记载的就有62人,担任三公等最高官职的多达50余人,侍中、尚书超过100。作为书香门第,琅琊王氏文人、孝子层出不穷,既有《晋书》对孝子王祥、王览的大加称颂,也有以《隋书》为代表的典籍对王家35人共475部文集的收录。300多年来,王氏家族仕宦显达,能人辈出,或执一朝政治之牛耳,或引领一代文学之风尚,是当之无愧的中国第一豪门。

洛阳和长安相继陷落后,司马睿在建康登基称帝,建立东晋政权,正是得到了南渡的北方士族和南方当地名门望族的支持。其中,王导、谢安代表的王氏和谢氏,最早追随司马睿进入江南并建立政权,因而成为当朝权贵。后世刘禹锡"旧时王谢堂前燕,飞入寻常百姓家"的诗句,说的正是王、谢两大家族。

永嘉年间的衣冠南渡是中国历史上第一次人口大规模南迁的高潮,不仅带去了中原地区先进的生产技术和制度文化,也在很大程度上促进了江南经济、社会的发展,为经济重心的南移奠定了基础。同时这也是中华民族的第一次南北大融合,推动了统一多民族国家的发展。

司马睿

司马睿(276年—322年),字景文。司马懿曾孙,袭父封为琅琊王。曾经参与讨伐成都王司马颖的战役,晋怀帝即位后,被封为安东将军,都督扬州诸军事,后来在王导的建议之下前往建康,并且极力结交江东大族。晋愍帝被俘后,司马睿在晋朝贵族与江东大族的支持下于建康即帝位,为晋元帝。

忆昔吟

忆昔永嘉际,中原板荡年。
衣冠坠涂炭,舆辂染腥膻。
国势多危厄,宗人苦播迁。
南来频洒泪,渴骥每思泉。

——唐·摩珪

263年

康早孤，有奇才，远迈不群。身长七尺八寸，美词气，有风仪，而土木形骸，不自藻饰，人以为龙章凤姿，天质自然……长好《老》、《庄》。

——《晋书·列传第十九》

嵇康死而清议绝

临刑前，他神色淡定，看了看太阳，知道离行刑还有一段时间，取出平时惯用的琴抚奏了一曲《广陵散》，叹息道："袁准曾经想跟我学《广陵散》，我因为吝惜而不愿教授，谁料今天《广陵散》竟要失传了。"说完从容就戮，时年39岁。

信仰
老庄思想

籍贯
谯国铚县（今安徽省濉溪县）

个性特征
淡泊名利，崇尚自然

主要成就
曹魏名士，享有极高声望；
竹林七贤的精神领袖；
精通音律，尤爱弹琴；
擅长书法，工于草书；
创作50余首诗歌和散文

人生结局
先遭钟会诬陷，后被司马昭下令处死

重要影响
助推了远离政治、追求自由的士人风气

嵇康天生俊美，仪表堂堂，无论是仙风道骨的气质还是翩翩洒脱的风度都美妙绝伦，曾有进山砍柴的人在山林小溪旁遇到他，竟认为是从天上下凡游玩的神仙。

他特别崇尚道家逍遥无为的境界，向往"越名教而任自然"的生活方式。他曾说："老子、庄子就是我一生效仿的对象啊！"他不被儒家宣扬的道德礼节所束缚，不能忍受官场的黑暗和腐败。

他迷信道家的服食养生之道，经常服用由钟乳石、紫石英、白石英、硫黄、赤石脂五种材料炼成的"五石散"。这种从汉代开始出现的奇幻丹药，药性燥热，服用后全身发热，年迈体虚、阳气不足的人会顿时觉得神清气爽、体力增强，在魏晋时期玄学宗师何晏的带动下

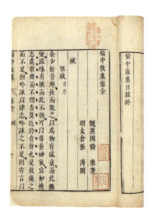

《嵇中散集》书影
此册竹纸初印，墨色浓郁，为明末张溥编《汉魏六朝百三名家集》之一。嵇康（224年—263年），字叔夜，与魏宗室通婚，拜中散大夫，其文辞壮丽，好言老庄，而尚奇任侠，"竹林七贤"之一，工草书善丹青，精通音律，后因事坐斩，临刑前所抚《广陵散》遂成绝唱。

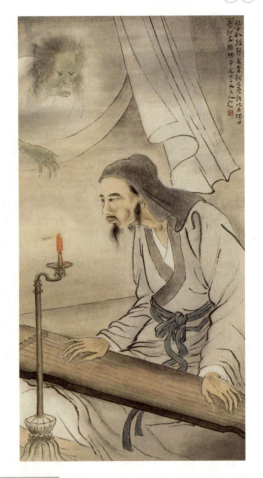

嵇康弹琴图
现代方人定绘。《太平御览》中记有次嵇康夜弹琴，有鬼来访，等到能看清它的面貌时，嵇康吹熄了蜡烛，说自己耻与鬼魅争光。

成为社会时尚，在之后的五六百年间都广为流行。但五石散所具有的神效只是一种迷惑人心的短期效应，长期服用会导致慢性中毒甚至死亡。比如晋哀帝司马丕、北魏道武帝拓跋珪、北魏献文帝拓跋弘，长期服用五石散并没有使他们延年益寿或者得道成仙，反而中毒身亡。

他亲自取材炼药，经常出入山林水泽。在青山绿水间怡然自得，他可以赋诗，留给后世的诗歌有50余首；他可以鼓瑟弹琴，是著名的音乐理论家和演奏家，主张声音的本质是"和谐"，认为合于天地才是音乐的最高境界；他可以随心所欲地画一幅《狮子击象图》，挥毫写下苍劲有力的草书。多才多艺使嵇康活得高雅而又洒脱。

魏晋玄学分期

时间	分期	代表人物	主要思想
204年—249年	正始玄学	王弼、何晏	"贵无"论，"因物自然"，宇宙本根是"无"，治理社会要以道家的自然无为为本，以儒家的名教为末
254年—262年	竹林玄学	嵇康、阮籍	"越名教任自然"，大力推崇道家"自然"的思想，主张避世，顺应自然法则，保全人的天性，排斥司马氏官方主张的"名教"思想
290年前后	元康玄学	郭象、裴頠	郭象的"独化"论，统一了有与无、名教与自然、内圣与外王、整体与个体的关系；裴頠"崇有"论，认为万有的整体是最根本的"道"，万物皆自然而生，重视现实存在的事物
317年—420年	东晋玄学	张湛	综合崇有、贵无学说，提出"群有以至虚为宗，万品以终灭为验"的思想，主张采取"肆情任性"的纵欲主义人生观，把玄学引入了绝境

行书嵇康《与山巨源绝交书》卷

元赵孟頫书。这件传世书法作品是赵孟頫抄写著名的"竹林七贤"之一嵇康写给他朋友山涛（字巨源）的一封信。这封信也是一篇流传千古的著名散文，是嵇康听到山涛在选曹郎调任大将军从事中郎时，想荐举他代其原职的消息后写的。信中拒绝了山涛的荐引，指出人的秉性各有所好，申明他自己赋性疏懒，不堪礼法约束，不可加以勉强。他强调放任自然，既是对世俗礼法的蔑视，也是他崇尚老、庄消极无为思想的一种反映。

他志不在官场，尽管后来娶了曹操的曾孙女长乐亭主为妻，在曹魏时期当上了中散大夫（皇帝的秘书官，有时负责传达圣旨），但在司马昭大权独揽后很快退隐山林。于是有人怀疑：嵇康作为曹魏宗室的女婿，是不是因为反感司马昭有不臣之心，这才采取了非暴力不合作的态度，假装向往山林、实则拒绝效忠司马氏呢？后来好友山涛举荐他入朝为官，嵇康写了篇《与山巨源绝交书》，明明白白地宣示道不同不相为谋，自己的理想是做一个逍遥的隐士。

但不拘泥于礼法的他在当权者看来就是一种蔑视权威的狂妄：他对唐虞、大禹、商汤、周武王、周公、孔子这些圣贤不屑一顾，巧合的是，当权的司马昭恰恰以周公自居。他安贫乐居，经常在大树下打铁谋生，当司马昭的宠臣钟会来访时，他连头都没抬，令钟会尴尬了好大一会儿，就在钟会打算起身离开时，他开口了："你听到什么、见到什么了吗？怎么这会儿就要走了？"钟会狡辩说："我已经听到了自己想要听的东西，也见到了自己希望看到的场景。"

司马昭对嵇康的桀骜不驯心生不

快，钟会对嵇康的无礼怠慢也耿耿于怀，终于，当朝者借着嵇康为好友吕安出面做证的机会，下令将其处死。

钟会对司马昭说："如今政治开明，天下太平，普天之下都对朝政没有异议，只有嵇康乖张孤傲，非但不愿为朝廷效力，还胆敢非议古代圣贤。昔日姜太公诛华士、孔子杀少正卯，不都是因为这些人狂妄自负、妖言惑众吗？何况在正元二年（255年）毌丘俭发动反对司马氏的叛乱中，嵇康不但极力肯定毌丘俭对曹魏的忠心，甚至一度计划起兵响应。只是他在行动前询问山涛，对方不建议参与叛乱，而毌丘俭也很快失败，这才作罢。嵇康居心不良，影响力又这么大，理应尽早铲除以绝后患啊！"

得知嵇康入狱，许多人积极设法营救，有人自愿跟他一起坐牢以示抗议，全国最高教育机构太学的3000名学生破天荒地向朝廷集体请愿，希望赦免这位名动天下的隐士，说："杀掉这样博学多才的人，还不如让他来太学做我们的老师。"然而这些努力都没有使司马昭打消杀人的念头。

嵇康终究没能免去一死，可是司马昭很快就后悔了：杀害嵇康反而加剧了士人们对当权者的厌恶和刻意疏远。更多士人越发地桀骜不驯，刻意保持精神和人格的自由，挣脱忠君爱国等道德礼教的束缚，去追求山水田园的诗意生活。王夫之说"嵇康死而清议绝"，足见嵇康之死对于当时和后世士人的深远影响。

史学巨著《三国志》

元康七年（297年），因遭妒而屡遭贬斥的陈寿失意中在洛阳病逝，在大臣们的建议下，晋惠帝诏令河南尹、洛阳令，派人去陈寿家抄写其作《三国志》。这部得以流传后世而不朽的《三国志》巨著，是一部记载魏、蜀、吴三国鼎立时期的纪传体断代史，全书共65卷，其中《魏书》30卷，《蜀书》15卷，《吴书》20卷，内容以人物立传形式讲故事，记载了自东汉末年的黄巾之乱直到西晋统一三国为止，近百年间的乱世历史，取材精审、行文简明。《三国志》不仅

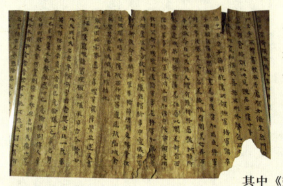

《三国志·步骘传》残卷
东晋隶书抄本，现存25行，440字，保存了传记的后半部和评语的前半部，甘肃敦煌藏经洞出土，现藏于敦煌研究院。

《三国志》书影
明万历二十四年刊，国子监本。共12册，65卷。有鉴藏印白、朱两方赵之谦印。

陈寿像
陈寿（233年—297年），字承祚，巴西郡安汉县（现四川南充）人，三国时蜀汉及西晋时著名史学家。少时好学，师事同郡学者谯周，在蜀汉时曾任卫将军主簿、东观秘书郎、观阁令史、散骑黄门侍郎等职。当时，宦官黄皓专权，大臣都曲意附从。陈寿因为不肯屈从黄皓，所以屡遭遣黜。蜀降魏后，历任著作郎、长广太守、治书侍御史、太子中庶子等职。晚年多次被贬，屡次受人非议。元康七年（297年）病逝，享年65岁。

记录了三国时期在政治、经济、军事方面的情况，以及对文学、艺术、科技等方面做出贡献的人，同时还记录了当时国内少数民族和邻国的历史，如《魏志·倭人传》就是日本古代历史的重要史料之一。

《三国志》书成之后，受到了当时人们的好评和称赞。陈寿以客观、冷静态度来叙述史实，三国史事很少重复，写法上隐讳而不失实录，扬善而不隐蔽缺点。因其对材料的取舍十分严慎，为历代史学家所重视。史学界把《史记》《汉书》《后汉书》《三国志》合称"前四史"，视为纪传体史学名著。

陈寿旧居
位于四川南充西山风景区。旧居里摆设有陈寿用过的床、书房、会客室、各种用具，还有他父母、家族、堂兄弟等的事迹。

位于四川南充万卷楼风景区内的"陈寿著三国志"雕像

东晋

317年—420年

乌衣巷内，王谢堂燕
秦淮河边，金陵史话
风流全被雨打风吹去
胡骑尘烟，异族奔竞
裂土为主，金戈铁马纷沓来
旷达傲世难掩黍离之悲
名士风度暗寓乱世之叹

▶ 318年—339年

会三月上巳，帝亲观禊，乘肩舆，具威仪，敦、导及诸名胜皆骑从。吴人纪瞻、顾荣，皆江南之望，窃觇之，见其如此，咸惊惧，乃相率拜于道左。

——《晋书·列传第三十五》

王与马共天下

大兴元年（318年），司马睿举行登基大典。到了接受百官朝贺的环节时，他突然走下御座，拉着丞相王导的手，打算两人一起坐着接受满朝文武的跪拜。深感意外的王导再三推辞，双方拉拉扯扯三四次僵持不下。这究竟是出于真心的感激，还是形势所逼？

东晋建立
318年

都城
建康

开国皇帝
司马睿（晋元帝）

建国元勋
王导、王敦

主要策略
赢得南方士族支持
平衡南北方士族利益

王导像
王导（276年—339年），字茂弘，小字阿龙。琅琊临沂（今山东临沂）人。东晋时期著名政治家、书法家，历仕晋元帝、明帝和成帝三朝，是东晋政权的奠基人之一。

立足南方

司马睿（276年—323年），字景文，是司马懿的曾孙，但他的祖父和父亲并没有什么大的作为，在皇室中声望不高，正因为如此，才免于卷入八王之乱的旋涡。

永嘉元年（307年），司马睿听从王导的建议，前往建康巩固自己的势力。在攻灭东吴后，南方士族大多被排斥在朝廷之外，他们对西晋有许多不满。而刚到江南的琅琊王司马睿属于皇族的远支，声望不高，只身前来又显得势单力薄。因此南方士族普遍冷眼旁观，不愿归附。

在司马睿刚到建康的一个多月里，没有一个士族登门拜访，他反而获得了当地人赠送的一个外号"伧父"，特指粗俗浅薄的村夫。迟迟打不开局面，司马睿很心急，一时间却也无计可施。

东晋·鎏金嵌宝铜饰件

饰件接近梯形,上大下小,背面为一块铜板,前面镶嵌鎏金铜镂空纹饰,并在四周镶嵌绿松石、水晶、黑曜石等宝石。做工精细,造型优美,是东晋时期罕见的工艺品。

然而到了三月初三,秦淮河边出现了史无前例的一幕:这一天是上巳节,按照习俗,人们应该到郊外游春、在水边洗濯污垢、祭祀祖先、消灾祈福。许多南方士族都在河边占了一块地方举行过节活动。这时,司马睿以帝王应有的规格出现在世人面前:他高高端坐在华丽的肩舆之上,庞大而威严的仪仗队整齐排列,永嘉南渡的北方士族名流在王导的带领下毕恭毕敬地骑马跟随。泱泱皇室风范使江南士人大为震惊。纪瞻、顾荣等人见了这个阵势,一个接一个地来到路边跪拜行礼。

原来这都是王导的主意。他还顺势劝说司马睿:"贺循等人都是江南当地的豪门望族,应当尽快结交以收揽人心。只要他们愿意为朝廷效力,其他士族都会望风顺附。"不久,各大名门、名士先后收到了司马睿的聘书,160多位才俊入朝任职,成为东晋的栋梁之材,时人称为"百六掾"。

司马睿借高官厚禄的许诺大施恩惠,迅速将南北方的士族团结在自己身边,为建立政权赢得了广泛支持。建武二年(318年),晋愍帝在匈奴汉国被杀的讣告传到江东,司马睿正式即皇帝位,改元大兴(也称太兴),史称晋元帝。

一代贤相

王导出身魏晋名门琅琊王氏,是西晋光禄大夫王览之孙,他的族兄是当时公认的名士领袖王衍。少年时风姿飘逸,见识和器量远超同龄人,陈留地区的名士张公见到14岁的他,曾惊喜地说:"这孩子器宇不凡,完全是当宰相的料啊!"

这个预言果然成真。王导很有远

乌衣巷中的王导谢安纪念馆

位于南京夫子庙秦淮河南岸乌衣巷内,是一座展示六朝文化艺术及王、谢两大家族家世的专题性陈列馆。馆内有来燕堂、鉴晋楼等建筑,陈列了珍贵的六朝时期文物。这里曾是东吴都城建业禁军的营房所在地,因当时士兵身着黑色服装,故以"乌衣"为巷名,至今巷内还遗有"乌衣井"一眼。东晋时期,乌衣巷是朝廷达官贵人的居住区。巷内华宅高第,鳞次栉比。六朝时期的世家大族王谢家族的代表人物王导、谢安即居住于此。

见,当他判断北方动乱将持续很长时间之后,全心全意地辅佐自己的同乡琅琊王,早在司马睿还在洛阳时,王导就建议司马睿尽快回到藩国,用心经营江南,为将来雄踞一方打下坚实的基础。

在成功推动南北方士族拥戴晋元帝建立东晋之后,王导被任命为丞相,执掌朝政。而他性情宽厚谦和,凭借超凡胸襟和能力协调各方矛盾、平衡不同利益,很好地维持了政局的稳定。晚年的时候,他对各地公文的批复基本只是签字同意,并且感叹说:"人们都以为我老糊涂了,开始不理政务,但后人终究会怀念我这种糊涂的。"

他善于把握人心、引导士气,总能化解干戈、抚平消沉,使之团结奋进、昂扬向上。南渡的士族经常在风和日丽的时光聚会于建康城内临江的新亭,饮酒赏花。有一天,周𫖮突然忍不住发出一声哀叹:"江南的景致固然不错,但长江毕竟不是黄河,在座的我们始终还是国破家亡的人啊!"大家听了都忍不住潸然泪下,一时心灰气短。只有王导豪气冲天地说:"正是因为北方已经沦亡,我们才更应当合力效忠朝廷,争取早日光复故国疆土,怎么可以像已经亡国了一样哭哭啼啼!"众人立即止住眼泪,面色凝重庄严,心中重新燃起希望和斗志。

他勇于承担自己造成的过失,并不因位高权重而宽以待己。太山太守徐龛反叛后,王导推荐羊鉴率军平叛。羊鉴说自己不是将帅之才,再三推辞,太

晋都建康图
描绘了东晋时首都建康城的地形和建筑,摹自明陈沂所著《金陵古今图考》。

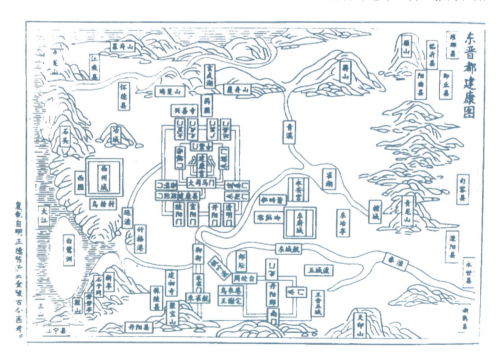

尉郗鉴也表示反对。王导却坚持己见，派他出征。不久，羊鉴果然吃了败仗。王导上奏承认错误，要求处罚。晋元帝没有同意，反而更加钦佩他的为人，一再宽慰他不要太过自责。

虽然王导位高权重，但他当政期间尽职尽责，经常规劝晋元帝勤俭节约、礼贤下士，努力匡正皇帝的行为和过失。

司马睿平时喜欢喝酒，王导经常声泪俱下地苦苦劝诫，说醉酒容易误事。司马睿请求丞相允许自己最后再痛饮一番，然后心一横，把酒杯翻转过来往桌上用力一扣，从此滴酒不沾，以示励精图治。

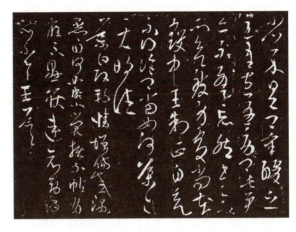

东晋·王导·省示帖（局部）

《省示帖》是王导遗存于世的代表作之一，刻于《淳化阁帖》卷九。王导是王羲之的叔叔，东晋著名政治家、书法家。他常教诲家族中人要热爱书法。南迁之时，把钟繇的《宣示帖》缝入袖中，誓言"帖在人在，帖亡人亡"。书法师从钟繇、卫瓘，行草尤工，骨气内蕴，欲隐秀而不能尽敛，有余力而举重若轻。

拥有特权的门阀士族

东汉政权是在豪强地主支持下建立的，由此逐渐形成一些累世公卿的豪门大族。曹魏时期开始实行九品中正制，由中正官负责评定人才，按照人才的优劣评定出九个等级。但中正官一般只看家世出身，很少考察真正的品行、学识和才干，九品中正制巩固了士族特权地位，"门阀士族"由此形成。政治上，门阀士族按门第高低分享政治权力，世代垄断着国家的重要官职。经济上，占有大量私有土地并且世代传袭，依附豪门的农民不只不用向国家纳税和服役，甚至没有在官府注册户籍。门阀凭借众多土地和人口，建立起自给自足、实力雄厚的庄园经济。

东晋是士族势力发展的鼎盛时期。司马睿建立东晋主要倚仗琅琊王氏的王导和王敦，所以当时就流传"王与马，共天下"的谚语。后来颍川庾氏、谯国桓氏、陈郡谢氏等门阀轮流当政，形成了庾与马、桓与马、谢与马共天下的局面。这种皇权和名门望族联合执政的格局持续了大约一个世纪，直到庶族崛起并强势冲击门阀对政权的垄断地位。

三朝元老

永昌二年（323年），司马睿去世，晋明帝司马绍继位。当初晋元帝在所有儿子里最喜爱司马衷，一度打算更换太子。有赖于王导的坚持，司马绍才得以保住太子之位。为了表示感激，明帝即位后对他也非常信任，继续让他总揽朝政。

两年后，晋明帝病死而晋成帝继位，王导仍是主要的辅政大臣，对皇室忠心不二。成帝年幼时非常尊敬这位三朝元老，每年正月初一丞相入朝觐见，他都亲自站起来迎接；王导患病行走不便，他就亲自来到丞相府慰问，并用车将他接到大殿；在给王导的诏书中，他不用命令式的口吻而用"我诚惶诚恐地对您说"，中书省给丞相的公文则用"敬问"表示恭敬地请示。

得知王导平素清心寡欲、生活俭朴，家中甚至没有积蓄的米，也不同时穿两件帛衣，晋明帝就给出丰厚的赏赐，以供丞相私人开支。王导每一次得到提拔封赏都要到司马睿陵前祭拜，不胜感激和悼念。自汉魏以来，百官并没有祭拜先帝陵寝的惯例，这个传统正是从王导开始的。

咸康五年（339年），王导病逝，终年64岁。成帝下诏举国哀悼三日，比照汉代霍光的高规格礼仪予以安葬。

当时除了王导在中央总揽朝政之外，他的堂兄、镇东大将军王敦娶了晋武帝司马炎的女儿襄城公主，掌握着长江中上游的军队，兵强马壮。朝野上下的官员一大半都出自王家或者与其有千丝万缕的联系。王家甚至称霸后宫，在南朝时期总共出了八位皇后。琅琊王氏的权势甚至超过了皇族，民间流传说"王与马，共天下"，这一点也不夸张。

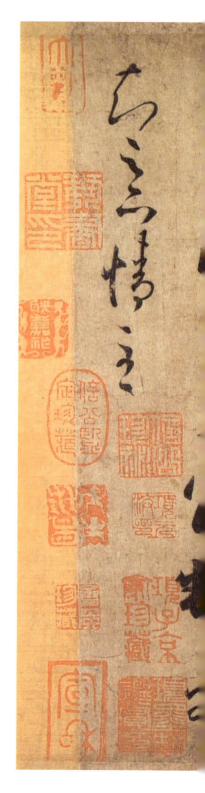

东晋·王羲之·《远宦帖》纸本（摹本）
亦名《省别帖》，是东晋书法家王羲之草书的代表作品，现藏于中国台北"故宫博物院"。王导是王羲之的叔叔，两人均来自以琅邪郡为郡望的王姓世族。琅琊王氏在"衣冠南渡"时为东晋政权的稳固居功至伟，被称为"第一望族"。整个家族在东晋和南朝共出现过九位皇后，七位驸马，一位北朝妃嫔。

东晋

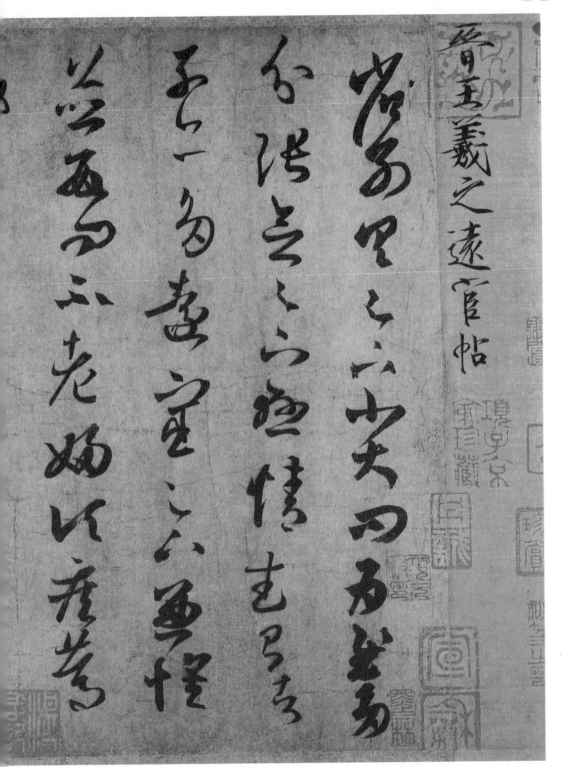

> 325年—328年

勒顾谓徐光曰："曜盛兵成皋关，上计也；阻洛水，其次也；坐守洛阳者成擒也。"诸军集于成皋……勒见曜无守军，大悦，举手指天，又自指额曰："天也！"

——《晋书·载记第五》

前后赵对峙

地理位置和政治意义极为重要的洛阳在永嘉之乱后先后被多个政权攻占。刘曜的前赵与石勒的后赵形成东西对峙的局面后，开始互相攻伐，为了争夺对洛阳的控制权，他们之间爆发了两次大规模会战。

时间
325年—328年

交战双方
刘曜、石勒

交战地点
洛阳

石勒听讲图
元人绘。石勒不认识字，让人给他读汉书，当听到书生郦食其劝说刘邦册立六国的后代，并且刻印章要授予对方的时候，不由得大惊失色地说道："这个方法必将失天下，如何说刘邦便得了天下呢？"待到读到留侯张良谏阻高祖刘邦时，他说："幸亏有张良的谏阻啊！"

第一次洛阳大战

前赵光初八年（325年），后赵大将石生渡过黄河南下，攻取河南大片地区。西晋司州刺史李矩、疑州太守郭默屡次被击败后带着残兵归附前赵，希望借助刘曜的力量抵挡后赵的进犯。前赵立即响应，派中山王刘岳统兵1.5万余赶赴孟津（今河南孟县），从北向南推进，另一路镇东将军呼延谟将西晋残余势力收编，从崤山、渑池一带向东进攻，企图一举歼灭石生。石生自知孤军深入，援军在短时间内不可能赶来，所以把大部分兵力集中到洛阳城下，试图据城固守。不料前赵却趁虚袭击兵力比较薄弱的孟津与石梁两个军事要地，斩杀5000余人，

后赵·丰货钱

石勒出身穷苦,他称赵王后,希望给广大的老百姓以富裕的生活,便铸造并颁行了新货币,名曰"丰货"钱;丰货钱有篆书、隶书两种,其钱文由右向左横读,钱面分有内廓或无内廓,钱径多为2.4厘米,重2.1克至2.8克。丰货钱在历代素以富钱称谓。

然后将后赵军队围困在洛阳东北的金墉城内。

情势危急之下,损兵折将的石生立即派遣信使向远在后赵首都襄城的石勒求援。中山公石虎率4万兵力火速赶来救援,双方在洛水西岸遭遇,结果刘岳大败,无奈之下退守石梁,依托坚固的城墙抵御后赵。

刘曜见前线战事陷入僵局,亲率大军援救刘岳。石虎因与刘岳苦战数日、士卒疲惫,又陷入腹背受敌的被动局面,在八特阪(今洛阳东北)被前赵的先锋部队击败。

当天夜里,原本属于获胜一方的刘曜大军无故发生惊乱,士兵纷纷溃逃。撤退到渑池当夜,再次发生惊乱。这说明士卒因连年战争已经出现厌战情绪,几乎不战而溃。无奈之下,前赵援军全部退回长安,刘曜也因心急愤恨而染病。

失去援军的刘岳成了瓮中之鳖。六月,石梁城被攻陷,石虎活捉刘岳等大批前赵将士,将9000名俘虏全部坑杀。两赵之间的第一次洛阳之战宣告结束,司(今河北邢台)、豫(今河南许昌)、徐(今淮海地区)、兖(今山东鄄城)等地区均落入后赵之手。

决战洛阳城

前赵光初十一年(328年),石勒派中山公石虎率军4万从积关(今河南济源)西进,攻取河东一带50多座城池,兵锋直指蒲坂(今山西永济),严重威胁前赵都城长安。

刘曜亲自率领前赵精锐北渡黄河救援蒲坂。石虎主动后撤避其锋芒,刘曜穷追不舍,双方在高候原(今山西闻喜)大战一场,石虎

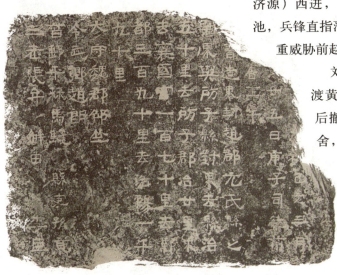

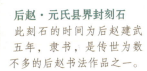

后赵·元氏县界封刻石

此刻石的时间为后赵建武五年,隶书,是传世为数不多的后赵书法作品之一。

羊后像

羊献容（？—322年），泰山南城（今山东平邑）人。初为晋惠帝司马衷的第二任皇后，多次因诸王乱臣纷争被废而又立，前赵末帝刘曜攻陷洛阳后，将其掳走纳入后宫，因受到刘曜的宠爱而被立为皇后。她是中国历史上唯一一位在两个不同朝代皆为皇后的女性。

大败，一路撤到了朝歌（今河南卫县）。于是，刘曜从太阳（今山西平陆）渡过黄河再次进攻洛阳，由于后赵石生死守金墉城，历时三个月久攻不下。在此期间，河内、荥阳等地放弃抵抗，归附前赵。

十一月，石勒决定亲自统兵救援。程遐等大臣见前赵兵力远远多于己方，反对出兵。石勒冷静地分析说："刘曜率10万大军围攻洛阳，100天都没能攻克，士气受挫、军队疲惫。现在我以精锐之师对其发动攻击，必然可以获

锁谏图中的刘聪像

清罗聘绘。前赵皇帝刘聪（？—318年），字玄明，新兴（今山西忻州）匈奴人。执政时期先后派兵攻破洛阳和长安，俘虏并杀害晋怀帝及晋愍帝，覆灭西晋政权并拓展大片疆土。政治上创建了一套胡、汉分治的政治体制。但同时大行杀戮，又宠信宦官和靳准等人，在位晚期疏于朝政，只顾情色享乐。他在位期间非常赏识刘曜的才能。

胜。反之，假如洛阳沦陷，刘曜乘胜袭击都城襄国，到那时我们就危在旦夕了。"大臣徐光也表示赞成："刘曜初战告捷后，不是直趋襄国而去围攻金墉，这个战略失误足以说明他的无能。决定两个赵国命运或许就在此一举了，机不可失啊！"

石勒对敌方可能采取的作战计划做了三种估计：如果刘曜把重兵集结在成皋关（今河南荥阳），这是上策；倘若凭借洛河天险展开阻击，属于中策；要是坐守洛阳等我进攻，那他就等着束手就擒吧。"到了成皋，见当地并无守军，他高兴地对左右说："你们可以提前祝贺我啦！"

当后赵骑兵2.7万、步兵6万直抵洛阳时，骄傲轻敌的刘曜尚且处于醉酒

状态——他酗酒的毛病在晚年越来越严重了。前赵军队在三路夹击之下死伤过半，刘曜在撤退途中负伤落马，被生擒。由于他拒绝投降，次年在后赵都城襄国被斩首。太子刘熙等人放弃长安逃往上邽（今甘肃天水），不久被杀，前赵就此灭亡。后赵将除辽东慕容氏和河西张氏之外的北方全部统一，以淮水为界，和东晋形成了南北对峙的局面。

后赵建平四年（333年），石勒病死，太子石弘继位，石虎担任丞相并控制了朝政。第二年九月，石弘主动带着印玺到石虎那里，请求禅让帝位。石虎表示拒绝："帝王的大业，天下自有公议，为什么要自己选择这样做呢！"石弘回宫后流着眼泪对太后程氏说："只怕先帝不会再有能遗留下来的骨肉了！"后来石虎宣布："石弘愚昧昏庸，应当予以废黜，哪里用得着什么禅让！"随即取代石弘称帝，迁都邺城。

石虎是十六国时期有名的暴君，不仅骄奢淫逸，而且穷兵黩武，视臣民如草芥，杀人如麻，还有意通过繁重的赋税和徭役来虐待百姓，严重地破坏了社会经济的发展。

太宁元年（349年）四月，石虎病死，几个儿子为了争夺皇位而互相残杀，养孙冉闵趁政局混乱，消灭了石虎的所有子孙，建立冉魏政权，后赵自此灭亡。

佛图澄尊者

佛图澄（232年—348年），本姓帛，西域人，深入经藏，深明佛理，是汉传佛教早期极为重要的宣教家。历史上有名的暴君石虎也像石勒一样崇拜佛图澄，因信佛图澄之言，二人减少了很多杀虐。

后赵君主列表

庙号	谥号	姓名	统治时间
后赵高祖	明帝	石勒	319年—333年
—	—	石弘	333年—334年
后赵太祖	武帝	石虎	334年—349年
—	少帝	石世	349年
—	—	石遵	349年
—	—	石鉴	349年—350年
—	平帝	石闵	350年—352年
—	—	石祗	350年—351年
—	—	刘显	351年—352年

313年—321年

帝乃以逖为奋威将军、豫州刺史……仍将本流徙部曲百余家渡江，中流击楫而誓曰："祖逖不能清中原而复济者，有如大江！"辞色壮烈，众皆慨叹。

——《晋书·列传第三十二》

祖逖北伐

闻鸡起舞、先吾着鞭、中流击楫、智退桃豹，渴望建功立业的男儿心中沸腾的满是复兴晋朝的热血。在一片纸醉金迷的及时行乐声中，唯有他坚持北伐，要求收复失地。奈何朝廷内乱，功败垂成。

时间
313年—321年

出身
北方大族范阳祖氏

轶事典故
闻鸡起舞；
中流击楫；
置酒作歌

主要功绩
率军北伐；
收复黄河以南大片地区；
封镇西将军

率众南下

祖逖（266年—321年），字士稚，出身幽州的名门显族——范阳祖氏，祖辈世代高官。他生性豪爽，不拘小节，慷慨仗义，轻财好施，经常拿出家里的粮食和布帛去接济贫困的乡亲，少年时在当地就很有名望，成年后发奋学习，博览群书，在洛阳见过面的人都说祖逖博古通今，具有辅佐君王治理天下的超凡才能。

地方官几次推举他为秀才、孝廉，他都没有接受。直到和好友刘琨一同在司州（今河南洛阳）掌

祖逖击楫中流

祖逖，东晋初期著名的北伐将领。建兴元年（313年），司马睿以祖逖为奋威将军、豫州刺史，更由其自募战士、自造兵器，进行北伐。祖逖率领数百人从京口渡江北上。船行到中流，他望着茫茫大江，敲击着船楫宣誓："祖逖不能清中原而复济者，有如大江！"祖逖曾一度收复黄河以南大片土地，后因朝廷内乱，在他死后北伐功败垂成。

管文书,才真正开始了辉煌的人生。心怀天下的两人志同道合,关系十分融洽,常常一起讨论天下形势,激动时深夜不能入眠,就抱着被子坐起,相互勉励说:"如果天下大乱、豪杰并起,你我二人都要干出一番轰轰烈烈的事业!万一日后不幸成了对手,相遇时可一定要彼此退让一步啊!"

"八王之乱"爆发后,祖逖先后被齐王司马冏、长沙王司马乂、豫章王司马炽等人重用,得知好友比自己更早得到施展才干的机会,刘琨在给亲朋好友的书信中不无忌妒地写道:"我枕戈待旦,志在消灭战乱、维护天下安宁,常常担心的就是祖逖快马一鞭,赶在我之前大展宏图啊。"

"永嘉之乱"后,祖逖和宗族子弟数百家一起逃往淮水、泗水一带避难,他用自己的车马运载同行的老弱病残之人,毫不计较和他人一起徒步的艰辛,所带的衣服、粮食、药品也慷慨分享。沿路经常遇到盗贼骚扰,祖逖从容指挥,被推举为本次南渡的领袖。

渡江后,晋元帝任命他为徐州刺史,不久又征调从军,驻守京口(今江苏镇江)。为了汇聚北伐力量,祖逖招揽了一批刚烈忠勇的义士做宾客,对他们如兄弟一样真诚坦荡。当时扬州正闹饥荒,门下义士常去打劫富豪之家救济灾民,倘若有人被当地官府抓获,祖逖都会想方设法营救。不少人因此说他的坏话,他却像没事一样处之泰然。有一天丞相王导等人前来看望,发现祖逖身上有很多贵重的裘袍和珍宝,便问这些东西是从哪儿来的。祖逖也不隐瞒,坦率地告知:"昨夜又去了一趟南塘。"

闻鸡起舞
镜心,近现代画家钱化佛绘。闻鸡起舞原意为听到鸡鸣就起来舞剑,后来比喻有志报国的人即时奋起。这个典故源自东晋将领祖逖,他每次和好友刘琨谈论时局,总是慷慨激昂,满怀义愤,为了报效国家,他们在半夜一听到鸡鸣,就披衣起床,拔剑练武,刻苦锻炼。

东晋·青瓷灯盏
灯由盏、柱、盘三部分组成。盏作钵形,下连两头宽中间窄的束腰形空心支柱,柱下连接托盘,托盘为敞口、浅腹、平底。盏外壁饰弦纹,支柱中部印网格纹,并有一圆孔。通体施淡青釉,釉不及底,胎色灰白。此灯形制独特,是东晋越窑青瓷的典型器。

祖逖

平生祖豫州，白首起大事。
东门长啸儿，为逖奋螳臂。
何哉戴若思，中道奋螳臂。
豪杰事垂成，今古为短气。
——南宋·文天祥

积极北伐

建兴元年（313年），晋愍帝即位后任命司马睿为左丞相，让他率兵20万收复洛阳。司马睿当时正极力稳固自己在江南的根基，根本没有北伐的志愿。可他也不便公开反对，只好任命常怀收复故土壮志的祖逖为奋威将军，准备出兵事宜。祖逖从司马睿那里仅仅获得了只够1000人花费的粮饷和3000匹布帛，战士和兵器都只得自己想办法。

司马睿的消极态度并没有动摇祖逖北伐的决心。他率领当初跟随自己南下的宗族子弟重新渡过长江北上。当船行驶到河流中央时，眼望滚滚东去的江水，祖逖想起山河破碎、生灵涂炭的悲惨情景，心中涌起壮志难伸的愤懑，顿时热血涌动、豪气干云，用力敲着船楫朗声发誓："要是不能收复中原、振兴朝廷，我就像这脚下的长江一样有去无回！"义正词严、悲壮激昂的话语，令船上所有人都不禁肃然起敬。

祖逖渡江后暂时驻军淮阴，着手起炉冶铁、铸造兵器，同时招募到两千多名士兵。有了军队做支撑，祖逖又凭借自己绝妙的智慧和才能不断创造新天地。他身为主帅却生活俭朴，礼贤下士又体恤民情，受到士兵们的爱戴。

他派使者劝说原属西晋却相互攻击的地方势力和解，接受自己的调遣，然后一致对外。他善于体察人心，对当时中原很多自发聚集、修筑堡垒以自保的"坞堡"没有当作敌人一概消灭，而是充分考虑许多堡主儿子都在后赵军队做人质的无奈，允许他们偶尔派遣散兵游勇佯装攻打自己，以向后赵表示这些坞堡并未脱离其控制。堡主们对他感激不尽，敌人有什么动向、计划，都会悄悄通报。

眼看黄河以南即将被祖逖占有，后赵石勒派遣大将桃豹前来争夺。祖逖派韩潜镇守蓬陂坞东台，两军对峙40余

东晋·青釉圆形榼

榼呈圆形，直口，平底。底有红色支烧痕。内分九格，其中心三等分，外周六等分。通体施青釉。榼也称"格子盘""果盒"等。瓷榼流行于三国、两晋及南北朝时期，时代特征明显。三国、两晋时期的榼多呈长方形，内分1大格8小格，初期是平底，稍后变为方圈足。东晋以后出现圆形榼，内圈3格，外圈7格。南朝以后，圆形榼内格数减少。

天,不分胜负。眼见粮食告急,祖逖心生一计,命人用布袋装满沙土冒充大米,然后安排1000多人的后勤队伍运往前线,故意让敌军发现。当后赵派精兵前来抢夺粮草时,佯装累坏了躺在路边休息的挑夫丢掉装了真正大米的布袋,四散而逃。敌军打开布袋一看,发现是真正的大米,由此判断晋军粮食充足,再一想,自己吃不饱饭已经很久了,顿时感觉胜利无望,士气大挫。过了几天,赵军又得到令人沮丧的消息:石勒运给桃豹的军粮被祖逖设下的伏兵截获。赵军人心惶惶,桃豹只好选择撤军,退守东燕城。击退桃豹后,祖逖驻军雍丘(今河南杞县),之后又多次出兵袭击后赵,黄河以南的大片土地重归东晋版图。

北伐遗恨

然而正当祖逖准备渡过黄河进一步收复失地时,晋元帝却在大兴四年(321年)任命戴渊为征西将军,统辖兖、豫、幽、冀、雍、并六州军务。祖逖认为戴渊温文儒雅,有文采、声望却没有军事天赋,自己辛辛苦苦收复失地却得不到朝廷信任,心中非常郁闷沮丧。不久听说嚣张跋扈的王敦和皇帝新起用的心腹刘隗产生了冲突,又开始担心朝廷不久会发生内乱,北伐的事业将

后赵建武四年·鎏金铜佛像
青铜铸造,通体鎏金,佛像四足方座,高肉髻,宽额,双手作禅定印,着通肩大衣。铸造于十六国后赵太祖石虎建武四年(338年)。现藏于美国旧金山亚洲艺术馆。

难以继续。祖逖情绪激荡以致染病成疾,但并未因此耽误进军大计,抱病坚持营建和修缮虎牢城。

太兴四年(321年),豫州分野有妖星出现。古代星象家为了用天象变化来占卜人间的祸福,将天上的星空区域与地上的州郡区域互相对应,称作分野,某一星区发生的天象预兆着对应地区的吉凶。当时就有星象家陈训预言:"今年西北将有一员大将去世。"祖逖听说以后叹气说:"妖星的预兆会在我身上应验吧。本想进军平定河北,无奈天欲亡我,这真是对国家不利的事情啊。"不久他便在雍丘去世,时年56岁。

后赵趁机入侵河南,继承了祖逖指挥权的弟弟祖约难以抵御,节节败退,北伐的成果最终丧失殆尽。

值得一提的是,王敦一直忌惮祖逖的崇高威望,尽管早就萌生了叛逆之心,但他在祖逖生前始终不敢肆意妄为。他曾试探性地派使者向祖逖暗示自己夺权的打算,结果遭到祖逖声色俱厉的警告。祖逖死后,王敦大喜过望,认为再也没人能在军事上阻挡自己,于是决定举兵叛乱。

322年—324年

时王氏强盛,有专天下之心,敦惮帝贤明,欲更议所立,导固争乃止。及此役也,敦谓导曰:"不从吾言,几致覆族。"导犹执正议,敦无以能夺。

——《晋书·列传第三十五》

王敦之乱

永昌元年(322年)正月,东晋建康城内出现了奇妙的一幕:丞相王导带着王邃、王彬、王侃等兄弟子侄20余人,每天清晨从乌衣巷来到皇宫,跪在门外痛哭流涕,哀求皇帝赦免王家的谋反大罪——因为他的堂兄王敦已经起兵叛乱,马上要杀到都城来了。

时间
322年—324年

借口
以诛刘隗为名进攻建康

起因
晋元帝司马睿稳定朝廷后,想减弱琅琊王氏的影响力,提拔刘隗、刁协等其他士族人士,双方矛盾激化

结果
病逝在晋室反击中

影响
趁晋室内斗,后赵夺取了兖州、徐州和豫州的大片土地;苏峻因平定有功,威望渐长,为其后的叛乱埋下伏笔

东晋·王敦·蜡节帖(局部)
王敦是东晋王朝初期的权臣,曾发动过政变,史称"王敦之乱"。《蜡节帖》运笔流畅,一气呵成,笔势雄健,气势威武,被认为是王敦的经典之作。

清君侧

永嘉元年(307年),眼见北方逐渐失控、西晋王朝已是穷途末路,司徒王衍没有认真谋划该如何收拾眼下的危急局面,而是考虑着如何给自己后撤南方留下几条退路:青州和荆州是军事要地,物产丰饶,应该派自己人先行抢占地盘。于是他向掌控朝政大权的东海王司马越建议,挑选文武兼备之人出任地方长官,免得战乱波及其他地区。结果自己的弟弟王澄出任荆州刺史,族弟王敦成了青州刺史。王衍私下对二人交代:"荆州有长江、汉水做天险,青州背靠大海易守难攻。你们俩镇守外地,我留在京师,咱

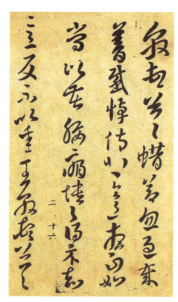

们王家可以称得上是狡兔三窟了！"

王敦喜好清谈，从不关心钱财和美色，这种简单豪爽的性格和堂弟王导迥然不同。有一次两人一起造访晋武帝的舅舅王恺，王恺让美人行酒，客人如果不干杯，就当场杀死美人。王导平时并不喜欢饮酒，但担心美人无辜丧命，便勉强干了一杯；王敦却偏偏不拿酒杯，任凭美人如何劝酒、面露恐惧，丝毫不为所动。王导责备他何必故意害人，王敦不以为然地说："王恺杀的是自己家的奴婢，和我有什么关系！"王导叹息说："如果日后王敦身居要职，又这样心怀残忍，估计是不会有善终的吧。"

晋元帝初到建康时迟迟打不开局面，王导和刚好从外地赶来参加朝会的王敦商量："琅琊王的德行可以服众，但在江南的名声始终不够啊。堂兄你战功赫赫，一向受人敬仰，是时候站出来和我一起拥护琅琊王、尽一尽匡济天下的职责了。"于是在三月初三的秦淮河边，王敦和王导一同出现在琅琊王的身后，有力地推动了南方士族的归附。

然而司马氏和王氏君臣相敬相爱的局面并没有持续多久。等江南的局势刚刚稳定，晋元帝就开始琢磨如何稳固皇权、暗中压制和削弱王家势力了。他重用刘隗、刁协，任命刘隗为镇北将军，尽管打着北伐石勒的旗号，但实际上是想牵制和防备掌握兵权的王敦。就连一向忠于朝廷、恪尽职守的王导也开始有意疏远。

王导当然不会看不懂皇帝的心思，但他为人谦逊严谨，采取了安分隐忍、静观其变的策略。性情外露的堂兄就不能容忍这种有意的压制了，干脆以诛杀小人刘隗为名，于永昌元年（322年）起兵武昌，顺江东下，直奔建康而来，并很快攻入皇城，刘隗出逃后渡过长江投奔后赵石勒，刁协则在出逃途中被杀。

王导没能阻止王敦入城，但当堂兄流露出进一步篡权的打算时，他坚决反对，极力维护司马氏的正统地位。王敦又想起一件往事来："永嘉之乱"后自己想独揽朝政，只怕司马睿年长难以操控，想换个年幼的皇帝，当时也是因为王导不赞成，这才没有实施政变。于是叹口气说："唉，就是因为你当初不肯听我的话，才差点让司马睿给咱们王家带来灭族之祸啊。"王导坚持己见，始终不为所动。王敦见短期内无法实现篡位的野心，加上自己的势力远在湖北，原本也没打算留在建康，所以四月便率军退回武昌，遥控朝政。

故技重演

晋元帝打压王家的计划遭受重创，王敦专政后，晋元帝名为天子，号令却出不了宫门，忧愤成疾，很快卧床不起，同年十一月去世。太子司马绍继位，史称晋明帝。太宁元年（323年），王敦暗示朝廷征召自己入朝，明帝亲自写诏书邀请，并赏赐他三项特权：对上奏事不用提自己名字；觐见皇帝不用为了显示恭敬而快步上前；上殿可以佩带武器、不脱鞋袜。后来王敦自己做主，把自己任命为扬州最高长官，前去赴任了。

这之后王敦的傲慢变本加厉，把地方朝贡的珍品直接从国库转入自己的私人府库，地方长官也几乎全是他的心腹。谋士钱凤眼见王敦的身体越来越差，就建议说："倘若主公有什么不测，应该把尚未完成的后事交给王应。"王敦回答："这种非常之事哪是一般人所能担负的！况且王应年纪还小，历练不足，哪能担得起这样的大事？我死之后，不如把军队就地解散，大家归附朝廷，借此保全家人，这是上策；退回武昌，明面上服从朝廷，暗地里拥兵自重，这是中策；在我过世后率全军再次进攻建康，万一侥幸成功，就能完成我们的图谋，这是下策。"钱凤私下跟另一位谋士沈充商量："主公所说的下策恰恰是最好的上策啊。"他们决定等王敦死后发难，再次发动叛乱，彻底颠覆东晋。

王敦的侄子王允之无意间听到了钱凤等人的阴谋，立即告诉父亲王舒，王舒劝晋明帝赶紧做好应对王敦再次叛乱的准备。司马绍借着王敦病情恶化的机会，派陈晷等人前去慰问，悄悄到芜湖察看对方军营的虚实。与此同时，王敦则派温峤负责监视朝廷的一举一动，不料温峤却向朝廷告发王敦试图篡位的罪行。

温峤

温峤（288年—329年），字泰真，一作太真，东晋时期政治家、军事家、名将，太原祁县（今山西祁县）人。王敦之乱时，被任命为丹阳尹，意图监察朝廷动静。但温峤却向司马绍告发王敦夺位的图谋，并参与谋划平叛计划。

晋明帝下令讨伐王敦。此时的王敦已经病入膏肓，无法下床，不能统率军队，只好以哥哥王含为元帅带兵5万，再次打起清君侧、诛杀温峤等奸臣的旗号，扑向建康。

这一次，王导依然站在维护皇室的立场，不惜兄弟反目。他带着王家子弟公开为王敦发丧，让天下人以为王敦已死，更加胆气十足地加入平叛的行列。

不久王敦病死，他曾在死前交代养子王应，要先顾好眼前的谋反大事、安置好文武百官，然后再处理自己的丧事。结果王应用席子将他的尸体包裹之后涂上一层蜡，草草埋在议事厅的屋中，然后就和诸葛瑶等人纵酒享乐去了。随着王含、钱凤等人的军队接连被击败，王敦之乱迅速被平定，兄长王含、继子王应全部被杀。

东晋·陶牛车

自西晋南迁后,到宋、齐、梁、陈,出现南北对峙的局面,对于东晋和南朝而言,意味着切断了马匹的来源。因为南方不出产马,而北方的少数民族政权的士族又以骑马闻世,不习乘车。这种情况,从根本上扭转了魏晋南北朝乘马车的局面,从而改乘牛车。马少了,牛的地位自然相应就提高了。

327年—329年

> 朝廷遣使讽谕之，峻曰："台下云我欲反，岂得活邪！我宁山头望廷尉，不能廷尉望山头。往者国危累卵，非我不济，狡兔既死，猎犬理自应烹，但当死报造谋者耳。"

——《晋书·列传第七十》

苏峻、祖约联合作乱

庾亮，作为年幼皇帝的舅舅，本该尽心辅佐，却无情排除异己；苏峻，本来忠于东晋，却因当权者的猜忌而被逼反叛；祖约，原先肩负着继续北伐的重任，只因对朝廷的怨恨而走上起兵作乱的不归路；石勒，为了昭示背叛必被全天下所不容，无情拒绝了祖约的投降。

时间
327年—329年

作乱者
历阳内史苏峻
豫州刺史、镇西将军祖约

主要原因
庾亮担心苏峻坐大为祸，强行征苏峻入宫；
祖约因未获辅政而对庾亮为首的朝廷心存怨恨

平定叛乱人员
荆州刺史陶侃、
江州刺史温峤

主要影响
对建康和东晋造成巨大破坏，引发迁都的争议；
庾亮引咎出镇，王导则留在朝中辅政，王、庾两大士族的矛盾因此而增加

庾亮当政

太宁三年（325年）晋明帝去世，年仅五岁的太子司马衍即位，史称晋成帝。突然被免去左卫将军职务的司马宗对于自己受到排挤非常不满，很快又被人弹劾谋反，随即起兵抗拒朝廷的逮捕，不久战败被杀，整个宗族被改为马氏。晋成帝起初并不知情，过了很久，突然问舅舅庾亮："以前经常见的那位白头公（指满头白发的司马宗）到哪里去了？"得知其叛乱被杀，皇帝哭着说："舅舅说谁是叛贼，就可以随意杀害。要是别人说舅舅也是叛贼，那我该怎么办呢？"庾亮一听，吓得脸色大变，好半天都说不出话来。

卞壶像
卞壶（281年—328年），字望之，济阴冤句（今山东菏泽）人。晋朝大臣，主要活跃于东晋时期，以礼法自居，意图纠正当世不正之风，并不畏强权。后在苏峻之乱期间率兵奋力抵抗苏峻，最终战死。

庾亮（289年—340年），字元规，颍川鄢陵（今河南鄢陵）人，是东晋名士，外貌堂堂，喜好玄学清谈，为人严谨庄重，一举一动都严格遵守礼法。更重要的是，他的妹妹庾文君嫁给了晋明帝，所以成帝一登基，身为母亲和太后的庾文君临朝听政，让庾亮和王导共同辅佐司马衍。王导自知敌不过庾氏一家亲，所以自觉避让，一切大事都交给庾亮来定夺。

为了铲除异己，身为皇族的司马宗及其党羽遭到清洗。名列被处死名单中的卞阐成了漏网之鱼，逃到平日和司马宗交好的苏峻那里请求避难。苏峻将其藏匿起来拒不交出，因此惹恼了庾亮。加上苏峻当时掌握长江以北的兵马，军队庞大、武器精良，有割据一方的不好苗头，迟早会对中央构成威胁，庾亮决定先下手为强。

苏峻被逼上绝路

庾亮打算直接下令把苏峻召回建康，只要苏峻离开自己的地盘，就只剩下任人宰割的份了。大臣中只有王导和卞壶明确反对，但庾亮一意孤行，一面让郭默、庾冰等人提前防备苏峻可能叛乱的行为，一面发布诏书，命令苏峻入京任职大司农，表面上给他升职，暗地里剥夺兵权。

苏峻严重怀疑自己一旦离开根据地就会被人谋害，于是申请到青州境内的偏远地方任职，结果被朝廷拒绝，而收拾好东西准备前往建康，又实在不敢，因此犹豫不决。这时参军任让怂恿说："将军您请求贬官外放都不被允许，到了京城恐怕就没有活路了，不如部署兵力以求自保。"于是，当朝廷再次派人催促上路时，苏峻已经决定叛乱了。他以讨伐庾亮为名，联合豫州刺史祖约共同起兵，一场新的动乱爆发了。

来自祖约的不满

祖约是著名北伐将领祖逖的弟弟，在兄长死后接管北伐军队，却无法抵抗后赵石勒的进攻，不仅无法继续北伐大业，之前收复的失地也再度沦亡。

祖约后来得知晋明帝在离世前的遗诏中没有把自己任命为辅政大臣，而名气和资历都在自己之下的郗鉴、卞壶却名列其中，十分失望，以致情绪失控，讲了一些表达不满的话。

陶侃像

陶侃（259年—334年），字士行。江州鄱阳郡枭阳县（今江西都昌）人，晋朝名将。出身寒门的陶侃自讨平张昌叛乱开始以其战功一直升迁，最终坐上太尉，并掌握重兵，都督八州军事并任荆江两州刺史，在士族垄断高位的东晋是一个例外。

后来，后赵石聪率军猛攻祖约驻守的寿春，他多次请求朝廷派兵援救，建康方面却始终没有采取任何行动。祖约认为自己已经被东晋抛弃，心中更加怨恨。

这时，苏峻派人前来联络，相约一同反叛，祖约立即答应，派侄子祖涣等人领兵与苏峻会合，一同攻向建康，找庾亮算账。

失误连连终后悔

江州刺史温峤听说苏峻不接受朝廷诏命，立即准备火速统兵前去保卫京师。庾亮得知后回信说，自己更担心当时手握重兵的荆州刺史陶侃乘虚而入，请温峤原地驻防，千万不要越过雷池（今安徽望江）一步。

孔坦、陶回等人主张趁苏峻未到之时，迅速截断阜陵的通道，把守长江以西的当利等重要关口，敌寡我众必然可以成功平叛。在布置好防守后立即北上，威逼苏峻的老巢——历阳（今安徽和县），迫使对方采取防御态势。倘若不先发制人，坐等苏峻打上门来，形势就非常不利。王导认为这个策略很正确，庾亮却不听从。等苏峻派人攻陷姑孰（今安徽当涂），夺取了大量军粮和物资后，庾亮这才捶胸顿足，感觉错过了良机。

> **义旗指**
>
> 去年反王敦，
> 今年反苏峻。
> 六师东手庚元规，
> 八州观望陶士行。
> 君父之难安可逃，
> 义旗一指天为高。
> 官军已成白石垒，
> 贼骑不越朱雀桥。
> 功成俛忆绝裾处，
> 夜夜精灵泣牛渚。
> ——清·洪亮吉

叛军抵达覆舟山，陶回又提出建议："对方明知石头城有重兵守卫，必定会从小丹杨南道绕过来，我方应在当地设伏兵截击，一战就可以擒获苏峻。"他的意见未被采纳，后来苏峻果然从小丹杨行军，庾亮听说后再次追悔莫及。

前方接连战败，庾亮只好亲自率军在宣阳门外御敌。哪知还未列队成形，士兵就已经丢盔弃甲而逃，苏、祖联军很快占领建康。当苏峻带着兵士进宫时，王导正抱着小皇帝端坐在御座上，忠心的大臣正义凛然地站在大殿左右，苏峻被这种声势震慑，一时不敢上前。苏峻最终将成帝迁到石头城软禁，然后自封骠骑将军、录尚书事，大权独揽。

叛乱终被平定

苏峻控制朝政后，荆州刺史陶侃、江州刺史温峤组织军队平叛，一开始屡屡失败，但不久就攻占合肥，而祖约的根据地寿春也被后赵军队趁乱占领，苏、祖联军实力大损。

动乱持续一年多后，咸和三年

（328年），温峤率一万步兵进攻盘踞在石头城中的苏峻，苏峻带8000精锐出战。两军交锋时，观战的苏峻见儿子苏硕异常勇猛，只带几十个骑兵反复冲击，就把晋军杀得阵脚大乱，顿时觉得虎父无犬子，自己也应不甘落后，于是不顾连饮数盏后的醉态，单枪匹马冲向敌军阵营。事情发生得太突然，只有几个亲兵跟了上去。

本想大逞英雄的苏峻被大刀长矛阻挡，偏偏没有产生所向披靡的预期效果，于是调转马头返回高坡，想借助地势重新发起冲锋。不料晋军认出了他的身份，立刻招呼数支长矛，苏峻当场被杀。统帅临阵身亡，叛军一时气馁，于是大败，动乱随即被迅速平定。

逃到历阳的祖约被晋军一路追击，最终率家族和亲信数百人乘夜过江，投降后赵石勒。石勒十分鄙弃祖约的背叛行为，过了很久都不愿接见他。两年后，程遐向石勒建议："要想使天下安定，就应当褒忠铲恶，当初汉高祖刘邦斩杀背叛项羽前来投降的丁公，即是这个意思。祖约既然能轻易背叛东晋，也不会真心归顺后赵，留着总是祸害。"于是，石勒下令将祖约一族全部杀害。

庾亮不卖的卢
清佚名所绘。庾亮的坐骑是的卢马（凶马），殷浩认为的卢马会不利于主人，劝庾亮把马卖了。庾亮回答说："怎么能将自己的祸事转嫁给别人呢？"殷浩惭愧地退下。

312年—373年

（桓温）以雄武专朝，窥觎非望，或卧对亲僚曰："为尔寂寂，将为文景所笑。"众莫敢对。既而抚枕起曰："既不能流芳后世，不足复遗臭万载邪！"

——《晋书·列传第六十八》

毁誉参半的桓温

谯国桓氏在西晋还算不上高门望族。到了桓彝一代，他自幼饱读儒学经典、能文善武，南渡后积极结交名士，得以跻身"江左八达"之列，后来因辅佐晋明帝平定王敦之乱有功，家族地位有所上升。而桓氏如日中天的时期即将由他的下一代——桓温一手创造。

字
元子、符子

籍贯
谯国龙亢（今安徽怀远）

平定成汉
346年

三次北伐
354年，征伐前秦，失败；
356年，成功收复洛阳；
369年，讨伐前燕，惨败

废立皇帝
371年

死前愿望
加九锡

生平典故
流芳遗臭

枕戈泣血

咸和三年（328年），桓彝凭借安徽泾县的一座小小城池顽强抵抗苏峻之乱中的叛军进攻，一个多月后城破被杀，凶手是韩晃、江播。韩晃在第二年被平定叛乱的晋军斩杀，江播则继续担任泾县的县令。一位15岁少年立志手刃仇敌，每天刻苦练武，累了就枕着兵器睡觉，在悲痛与愤恨之下，眼泪常常带着血色。三年后，江播去世，儿子江彪生怕那少年前来寻仇，所以在为父守丧期间预先备好兵器，以防不测。没想到江彪还是被一名以吊唁为名混入的青年手起刀落，命丧当场，其他两个弟弟也被追杀。当时的人们把为父报仇当成是天经地义的事，所以都很赞许这位少年的孝顺和英勇。他就

东晋·成汉汉兴钱

汉兴钱是历史上最早的年号钱，为十六国时李寿所铸。李寿是西晋末年起义军首领李特的侄子，于东晋咸康四年（338年）在成都称帝，改国号为汉，以汉兴为年号，铸行汉兴钱。汉兴钱按钱文排列的方式可分为两种：一种是上下排列，俗称"竖汉兴"或"直汉兴"；另一种是左右排列，俗称"横汉兴"。

是后来成为东晋一代权臣的桓温，因为"枕戈泣血"而名动天下。

桓温未满周岁时，温峤见了就断言他英才降世。长大后的桓温果然英姿伟岸、器宇不凡，后来娶了晋明帝的长公主司马兴男为妻，成为驸马都尉。建元元年（343年），桓温协助荆州刺史庾翼北伐。庾翼同样仪表堂堂，志向高远，被誉为"魏晋八君子"之一，两人关系亲密，曾相约一同匡济天下。永和元年（345年），桓温升任安西将军、荆州刺史，掌握了长江上游的兵权。

不无侥幸灭成汉

桓温急于建功立业、博得威望，鉴于北方的石虎兵强马壮，而占据巴蜀的成汉在皇帝李势在位时期已是众叛亲离，于是决定先取成汉。

永和二年（346年），桓温向朝廷请求伐蜀，没等到回复就径自率军西进。朝廷得知后，担心他兵力过少，又孤军深入险要之地，很有可能铩羽而归。得知晋军前来讨伐，成汉的李势命令将领李福、昝坚率大军赶赴合水（今四川彭山双江）准备迎战。其他将领打算在双江以北、府河以西的山区设伏，等桓温进入陷阱后一网打尽。结果昝坚不听，从岷江东北岸的鸳鸯琦渡江，向犍为（今四川彭山）开进。巧的是，在进军途中有人建议将晋军分为两路，以分散敌方兵力。袁乔表示反对，认为己方本来就是孤军深入，分散敌人注意的

桓温

世有英明善治君，
奸雄属伏作能臣。
尽忠于国人臣事，
底事甘为跋扈人。
——宋·徐钧

同时也就削弱了自己的兵力，万一失败，是不可能全身而退的。既然如此，倒不如全军破釜沉舟，每人只带三天口粮，义无反顾地直奔成都，不要在中途消耗兵力攻城。最后，桓温采纳了袁乔的建议，绕开犍为城，从小路直扑成汉都城，所以两军刚好错开了。

桓温将急行军途中遭遇的汉军奋力击败，三战三胜。昝坚在犍为城没有见到晋军踪影，这才回头寻找，等见到晋军时，对方已经将成都包围，大军不战自溃。李势倾尽城中守军在城外的笮桥与桓温决战。

战况十分惨烈，参军龚护英勇战死，晋军前锋失利，汉军的箭矢甚至射到了桓温身前，他的坐骑都中了四五支箭。桓温意欲退兵，不料击鼓传令的士兵误会了他的意思，隆隆战鼓声变成了冲锋号令，晋军冒死冲锋，终于反败为胜，大破汉军。李势连夜逃走，跑了90里后决定投降，巴蜀地区至此被平定，桓温也因此被封为征西大将军、临贺郡公。

桓温生性豪爽，加上平蜀之战令其名声大噪，朝廷对他起了忌惮之心，担心他日后难以控制。当时主持朝政的

会稽王司马昱开始通过栽培和重用扬州刺史殷浩来牵制桓温。殷浩崇尚清谈、华而不实，因此桓温并不担心。

三次北伐

永和五年（349年），后赵皇帝石虎病死，北方局势大乱。桓温立刻上书朝廷请求北伐，但始终没有得到回复，不久得知朝廷选派征北大将军褚裒率军北伐，结果失败而回，心中更加失望。两年后，桓温再次上报朝廷后不等批准就擅自行动，率5万大军顺流而下，抵达武昌（今湖北鄂城）时，朝廷上下惊恐不安，生怕他会重演王敦起兵叛乱的一幕。殷浩惊慌失措，甚至打算辞职以避祸。司马昱亲自写信极力劝阻，这才使桓温率军返回荆州。

此后两年间，殷浩奉命进行了几次北伐，计划收复故都洛阳，修复晋朝的帝王园陵，但却屡次战败，损失惨重，招致了不少不满。桓温趁机历数殷浩的几条罪状，迫使东晋将其免职，废为庶人，从此桓温掌控朝廷大权，再已无人能够阻止他北伐了。

司马昱
晋太宗司马昱（320年—372年），字道万，晋元帝司马睿幼子，东晋第八位皇帝。桓温废司马奕后，立其为帝。在位8个月后便因忧愤而崩，享年53岁。

从永和十年到太和四年（354年—369年），桓温先后进行了三次北伐：

第一次与前秦作战，历经数次血战，生擒前秦将领郭敬，击退淮南王苻生，顺利进入关中灞上（今陕西西安东北），长安指日可下。关中百姓牵牛担酒沿路迎接，许多曾经生活在晋朝的老人更是失声痛哭。

薛珍劝桓温尽早进攻历朝古都长安，这样可以造成极大的政治影响。但桓温却在灞上驻扎，迟迟不肯进军。这时，隐居在华山的王猛前来拜见桓温，在谈论对时局的看法时，王猛在大庭广众之下一面滔滔不绝，一面旁若无人地抓虱挠痒。

见多了名士风度的桓温见怪不怪，认真地请教说："我奉天子之命，统率10万精兵讨伐逆贼，为百姓除害，而关中豪杰却没人到我这儿来效劳，请问这是什么缘故呢？"王猛直言不讳地回答："您不远千里深入敌境，长安城已经近在咫尺，您却不把它拿下，大家摸不透您的心思，所以不来。"桓温默然不语，因为睿智的王猛猜到了自己的私心：其实自己此次北伐志在扬名立威，以赫赫战功威慑江东，并非真心要恢复晋朝故土。即使自己在一番血战后收复长安，也只能得个虚名，对关中的控制权终归要落在朝廷手里。与其消耗实力为他人作嫁衣,不如留敌自重,同时保留与朝廷抗衡的关键实力。过了好一会儿,桓温才抬起头来慢悠悠地说:"东晋没有一个人能比得上您的才干!"最终,王猛拒绝了桓温许诺的高官厚禄,继续隐居,期待一代明主的出现。

由于后勤补给跟不上,当时正值收麦时节,桓温打算就地休整,等小麦成熟解决了军粮问题之后再继续进军。前秦皇帝苻坚也猜到晋军经不起持久战,于是采取坚壁清野的战略,不给对方留下任何物资。桓温被迫撤回江陵,前秦趁势追击,晋军大败,伤亡惨重。

永和十二年(356年),桓温数次请求朝廷迁都洛阳,均没有得到同意。七月,桓温再次从江陵出兵,进逼许昌、洛阳。当时羌族首领姚襄正率军围困洛阳,听到桓温来了,在伊水之北阻击晋军。桓温亲自披甲督战,大破姚襄,收复洛阳,随后进入金墉城,拜谒先帝皇陵。不久班师南回,并将3000多家归附的百姓迁到长江、汉水一带。

王猛见桓温
出自清马殆《古今人物画谱》。东晋桓温北伐入关,王猛着破衫拜见,一边扪虱一边谈天下大事。王猛后为前秦苻坚所用。

太和四年(369年),前燕太宰慕容恪病死,前秦和东晋都打算趁机征伐。桓温指挥5万大军很快抵达枋头,距离前燕都城只有几十里远了。这一次,桓温再次徘徊不前,打算静观燕国内乱,坐收渔翁之利。结果前燕大将慕容垂率大军前来抵抗,同时切断了晋军

桓温北伐时提出的《七项事宜疏》

序号	内容
一	抑制朋党,杜绝因政见不同而相互倾轧
二	合并、裁撤冗余的官职
三	重视机要政务,对公文案卷的处理要限制时日
四	明确长幼之礼,奖励忠实、公正的官吏
五	褒奖惩罚,应与事实相符
六	继承、遵守古制,弘扬学业
七	选派史官,编修晋书

水陆运粮通道。慕容垂以少量骑兵后退诱敌，晋军在追击中陷入埋伏因而大败。桓温下令焚烧战船，丢下辎重，率军撤退。

慕容垂知道桓温熟读兵法，在撤军时必然留下精兵断后，等确定没有追兵之后才会加速行军，因此特地尾随晋军，直到对方放松警惕之后才在襄邑（今河南睢县）发动突袭，斩杀3万余人。北伐遂以失败告终。

废立皇帝，独断乾坤

最后一次北伐损失重大，桓温把战败的责任推给豫州刺史袁真，怪他未能保障后方安全和粮草供应。袁真上书申辩，但朝廷不敢得罪桓温，对他的申冤置之不理，反而派人犒劳和安慰桓温。袁真不服，最终占据寿春（今安徽寿县）背叛东晋，不仅归附前燕，还暗中与前秦相勾结，但后来为桓温所破。

太和六年（371年），桓温带兵入朝，诬蔑司马奕不能生育，将已经草拟好的诏令交给褚太后，威逼她宣布废除皇帝司马奕。晋朝开国100多年从未发生废立皇帝的事，没有人知道具体的操作程序，大家都非常震惊和恐惧，连桓温自己也变了脸色，不知该如何是好。最后把《汉书》取来，现场按照其中《霍光传》的记录，宣布废除皇帝。桓温带领文武百官来到会稽王的府邸，迎司马昱入朝即位，史称简文帝。

简文帝封桓温为丞相，请他留在建康执政。桓温不予接受，径自率军返回了白石（今安徽当涂）。即使到了第二年七月简文帝病重，紧急命令桓温回朝，一天之内连发四道诏书，桓温仍不肯前来。

司马昱驾崩后，群臣不敢把太子扶上皇位，认为一切都要请桓温来决定。由于王彪之极力反对，太子司马曜才得以继位，史称孝武帝。

不久，桓温患病，但野心不减，加紧催促朝廷为自己加九锡之礼。所谓"九锡"，是皇帝赐给诸侯或功勋卓著的大臣的九种礼器，代表最高礼遇。由于这些礼器通常只有天子才有资格使用，"加九锡"于是成了篡位的代名词。

谢安见桓温病重，以袁宏所撰写的锡文文采不好为由命其反复修改，借此拖延时间。等桓温病逝时，锡文仍未完成。桓温临死前将兵权交给弟弟桓冲，南郡公的爵位则由儿子桓玄继承。元兴二年（403年），桓玄逼迫晋安帝禅位给自己，在建康建立桓楚，追尊桓温为宣武皇帝。谯国桓氏的势力至此达到极点。

东晋·桓温·旱燥帖
桓温（312年—373年），字元子，谯国龙亢（今安徽怀远龙亢镇）人。东晋重要将领及权臣、军事家，谯国桓氏代表人物。官至大司马、录尚书事。因领兵消灭成汉而声名大震，曾三次领导北伐，掌握朝政并曾操纵废立，夺取帝位的意图终因王谢集团干预而未能如愿。

臣溫言今東道地渠閒又旱燒殊艱難人力可逮而於公私為不美謂不去便臣溫言

337年—369年

先是，蒋干以传国玺送于建邺，俊欲神其事业，言历运在己，乃诈云闵妻得之以献，赐号曰"奉玺君"，因以永和八年僭即皇帝位，大赦境内，建元曰元玺，署置百官。

——《晋书·载记第十》

慕容氏逐鹿中原

他从父亲手里接过的是一个独霸辽西的燕国，交给儿子的是一个击败冉魏、进据中原，与前秦和东晋三足鼎立的强盛帝国。他曾胸怀一统天下的志向，有着吞秦灭晋的野心，怎奈时光残酷剥夺了他的充沛精力，无情击碎了他的梦想宏图，使他空留壮志未酬的无尽遗憾。

民族
鲜卑族

建立政权
前燕

立国时间
352年

主要成就
灭亡冉魏，占据中原

年号
元玺、光寿

争夺中原

西晋时，慕容氏曾长期忠于朝廷而与其他民族交战。咸康三年（337年），慕容皝自立为燕王。四年后，东晋接受了这个既成事实，正式封慕容皝为燕王，以慕容儁为世子。燕国名义上属于晋朝的诸侯国，但在很大程度上是独立的，对当地军政有绝对的自主权。通过和夫余、高句丽、后赵的战争，燕国不断扩大地盘，先是成为辽西唯一的势力，建都龙城（今辽宁朝阳），然后夺得幽州，迁都于蓟，为攻占中原奠定了坚实的基础。

冉魏永兴三年（352年），冉闵在抗击鲜卑南下的廉台（今河北无极）决战中兵败被俘，邺城也很快被攻克。当时东晋濮阳太守戴施以出兵救援为

慕容儁像
慕容儁（319年—360年），字宣英，鲜卑名贺赖跋，昌黎棘城鲜卑人，五胡十六国时代前燕的君主。前燕文明帝慕容皝次子。东晋永和八年（352年）正式称帝独立。慕容儁在位期间消灭了冉魏，入据原本由后赵所占领的中原地区，并移都邺城，大燕进入鼎盛时期，终与南方的东晋和关中的前秦政权三足鼎立。

名，从冉魏大将蒋干手中得到了传国印玺，立即派人交给安西将军谢尚，谢尚又送到建康献给晋穆帝，满朝官员将其作为重大喜事而隆重庆祝——当初司马睿南渡后几代帝王都没有玉玺，以致被人嘲笑说"司马家是白板天子"，一直到了永和八年（352年），历经42年才重新得到，东晋朝野的欣喜若狂也在情理之中。

慕容儁攻灭冉魏后没能如愿获得玉玺，心中一阵失望。为了神化自己，他谎称冉闵之妻董氏主动将传国印玺献给了自己，将她封为"奉玺君"，自己则顺应天命，称皇帝，年号"元玺"，史称前燕。

为了加强对中原的争夺，元玺六年（357年），慕容儁迁都邺城。慕容儁踌躇满志，下令检查全国户口、统计人口，每户只能留下一个成年男子，其余全部参军入伍。他打算征集150万之众攻灭东晋和前秦，然而军队尚未集结完毕，他的身体已经渐渐抵挡不住病痛，变得越来越虚弱了。光寿四年（360年）正月，在邺城检阅完军队后，壮志未酬的慕容儁随即去世。临终前，他对弟弟慕容恪说："寿命的长短都是命中注定，有什么好遗憾的呢！只是东晋和前秦都还未被我们消灭，太子慕容暐年龄太小，只怕不足以担当重任。我想在死后把国家交给你。"慕容恪把侄子夸了一番表示推辞，慕容儁把脸一沉："咱们兄弟间哪用得着说这样的客套话！如果你能像周公那样尽心尽力地辅政，那我还忧虑什么呢！"

从建熙四年（363年）开始，前燕大举扩张，对中原地区发动全面攻势。四月，慕容忠攻克荥阳。次年二月，李洪攻许昌、汝南、陈郡，并将万余户居民迁移到幽州，镇南将军慕容尘屯兵许昌。七月，太宰慕容恪亲自领兵攻打洛阳，东晋守军战败而逃，次年三月前燕军队终于占领洛阳。经过一系列战役后，前燕取得了对中原的控制权。此时的前燕国富民强，与关中的前秦平分黄河流域。

昏君误国

慕容儁死后，太子慕容暐即位，改元"建熙"，慕容恪则担任太宰，总揽朝政。建熙六年（365年），慕容恪亲自领兵攻陷洛阳，经过一系列战役，使前燕控制了广大中原地区。慕容恪认为吴王慕容垂才能出众，临终前极力向皇帝推荐，建议皇帝一定要充分信任和重用吴王。

然而慕容恪死后，为人贪婪、才能平庸的上庸王慕容评掌握了大权。当时东晋趁着慕容恪死去的大好时机，由大司马桓温率领5万大军北伐前燕，一路势如破竹，很快攻占距离邺城仅有几十里距离的枋头。

慕容评建议迁都避难，慕容暐更是惊慌失措，竟然派出使者请求前秦出兵救援，并以割让武牢（今河南荥阳）以西土地作为报酬。幸亏慕容垂关键时刻统领5万兵力出战,最终迫使桓温失败而回。慕容暐得知敌军南撤而兴奋过头,不再理睬前秦苻坚派苟池、邓羌领兵两万,已经在来的路上了。战争结束后,前燕反悔食言,不愿割让原先答应的领土,这为后来前秦出兵灭燕提供了借口。

劳苦功高的慕容垂在前燕并没有得到重用,反而遭到慕容评的猜忌和排挤,最终被逼投奔前秦。得知慕容垂前来投奔,苻坚十分高兴,立即着手实施进攻前燕的计划。

前燕建熙十年(369年),前秦苻坚下令王猛等人率军进攻洛阳,次年在潞川击溃前燕太傅慕容评率领的30多万大军后,乘胜以10万大军围攻前燕首都邺城,苻坚亲自率军前往助战。十一月,慕容暐企图从邺城退往辽东龙城,护卫刚出城门就四散逃亡,结果慕容暐被追兵生擒,沦为前秦的新兴郡侯,前燕正式被前秦吞并。

鲜卑慕容氏

家谱	后代
第一代	慕容廆(269年—333年),慕容部首领慕容涉归之子
第二代	慕容翰(?—344年),慕容廆庶长子,为慕容皝所忌被赐死
	慕容皝(297年—348年),慕容廆第三子,建立前燕政权
第三代	慕容儁(jùn,319年—360年),慕容皝第二子,为前燕景昭帝
	慕容恪(321年—367年),慕容皝第四子,十六国十大名将之一
	慕容桓(?—373年),慕容皝之子,为前秦将军朱嶷所杀
	慕容垂(326年—396年),慕容皝的第五子,建立后燕政权
	慕容德(336年—405年),慕容皝幼子,建立南燕政权
	慕容永(?—394年),慕容廆之弟孙子(一说为子),建立西燕政权
第四代	慕容暐(wěi,350年—384年),慕容儁第三子,前燕幽帝
	慕容宝(355年—398年),慕容垂第四子,后燕惠愍帝
	慕容麟(?—398年),慕容垂庶子,后燕僖帝
	慕容熙(385年—407年),慕容垂少子,后燕昭文帝
	慕容泓(?—384年),慕容儁之子,建立西燕政权
	慕容冲(359年—386年),慕容儁之子,西燕威帝
	慕容凯,生卒年不详,慕容桓之子,西燕皇帝
	慕容超(384年—410年),慕容德之侄,南燕最后一任皇帝
第五代	慕容盛(373年—401年),慕容宝长子,后燕昭武帝
	慕容瑶(?—386年),慕容冲之子,西燕皇帝
	慕容忠(?—386年),慕容泓之子,西燕皇帝
	慕容云(?—409年),慕容宝的养子,后燕最后一任皇帝

十六国时期·铜虎子

虎子为古代溺器,一般都做伏虎状,常见于东汉晚期至三国两晋时期的江南地区墓葬中,北方较少见,且多是瓷器。此器则为铜铸,造型虽四足伏地,而形态威猛,周身除铸出花纹外,在颈、背、胸、尾又用细线刻划毛、须等,于雄浑中表现细致,为难得的佳作。

东晋中期

为人木讷，不好荣利，闭门却扫，未尝交游。……时或寻书问义，不远数千里崎岖冒涉，期于必得，遂究览典籍，尤好神仙导养之法。

——《晋书·列传第四十二》

葛洪与《抱朴子》

"不勤奋好学却想成为知识渊博的人，犹如希望得到很多鱼却连渔网都没有一样，即使心里有着强烈的愿望，但注定会一无所获。"这句和荀子《劝学篇》中"不积跬步，无以至千里"一样有名的哲言出自东晋炼丹家、医药学家葛洪。

出生地
丹阳郡句容（今江苏句容县）

身份
道教人士、炼丹家、医药学家

世人称谓
葛仙翁

主要成就
发展道教，研究医学，著书立说

代表作品
《抱朴子》《肘后备急方》

主要修行地点
罗浮山（今广东博罗县）

葛洪像
葛洪（283年—343年），字稚川，号抱朴子，丹阳句容（今属江苏）人，是晋朝时代的阴阳家、医学家、博物学家和制药化学家、炼丹家，著名的道教人士。他在中国哲学史、医药学史以及科学史上都有很高的地位。

天才少年

葛洪出身江南士族，13岁时父亲去世，家道中落。性格内向、不善交际的他只喜欢闭门读书。家里没有很多书供自己阅读，他就背着书箱，不辞辛苦地徒步到很远的人家借书抄写，常常抄到深夜。

他把木柴点燃，在跳动闪烁的火光中抄书、读书，这样连灯油也能省了。纸张短缺，他就卖木柴换钱去买，因为纸张来之不易，一张纸要反复用上好多次，写得密密麻麻也不舍得丢弃，所以别人很难看懂纸上的内容。

伯祖父葛玄曾经拜炼丹家左慈为师，后来把他的炼丹秘术又传给弟子郑隐。葛洪16岁时成了郑隐的徒弟，因为拥有极高天赋和良好品行而深受郑隐器重，50多个弟子中只有他有资格阅读郑隐关于炼丹的经书，最终得到师父的真传。

乡亲们根据其勤学态度和道教

身份而称他"抱朴之士"。抱朴是一个道教术语，出自《老子》的"见素抱朴，少私寡欲"，意思是保持本真、怀抱质朴，不受外界情感和物欲的干扰。他索性就以"抱朴子"作为自己的号，后来所著的一部书也叫《抱朴子》。

咸和二年（327年），葛洪听说交趾一带出产丹砂，主动请求出任勾漏（今广西北流）县令。经皇帝批准后南下上任，但在途经广州时听说罗浮山有"神仙洞府"的美誉，相传秦代人称"千岁翁"的安期生曾在这里服食九节菖蒲而最终羽化成仙。他决定中止前往赴任的行程，从此隐居罗浮山，在朱明洞口的冲虚古观修

葛稚川移居图
元王蒙绘。此图画葛洪携子侄徙家于罗浮山炼丹的故事。画卷取全景式构图，但又不像宋画那样突出一主峰，而是强调众多山形所造成的一种整体气势和气氛。除画面左角空出一小块水面外，其余各处都布满了山石树木，使景致显得格外丰茂华滋，是王蒙典型的重山叠嶂式。全画中左下方溪水最亮，烘托了葛洪的形象。画面山岩重重，树木茂密，加上回环的流泉、曲折的山径，造成一个幽深宁静、远离尘世的境地，反映了当时士人对于隐居的希求。

行炼丹、著书讲学，开创道教南宗灵宝派，并先后修建起东、西、南、北四庵。罗浮山逐渐声名远播，被道教尊为天下第七大洞天、三十四福地之一。

《抱朴子》

葛洪坚信炼制和服食金丹可得长生，《抱朴子》集中了他在炼丹方面的心得。该书分内、外两篇，内篇讲的主要是道家养生和神仙方术，包括养生延年、禳邪却祸、行气、导引等，外篇主要论述人间世事、得失臧否，阐明其社会观点。

《抱朴子》不仅总结了魏晋以来的道教理论，从而确立起道教的神仙理论体系，还系统地记载了历代炼丹成就，包含大量丹经和丹法，为后世提供了大量原始化学实验的珍贵资料。例如，加热红色硫化汞的丹砂，可以分解出汞，而水银和硫黄的再次结合又能变成丹砂，重新得到红色硫化汞，由此可以证明化学反应的可逆性。葛洪算得上古代为数不多的化学实验家，只不过他的志向在于炼丹修仙，偶然发现的化学反应只能算是意外收获。

葛洪并非只顾自己炼丹成仙，他和妻子、针灸名医鲍姑一样，都有着悬壶济世的慈悲之心。宁波灵峰寺有一座葛仙殿，供奉的正是他的塑像。传说葛洪曾在当地炼丹，当时瘟疫流行，他广采草药，制药行医，使许多百姓起死回生。每年农历正月初一到初十，都是灵峰寺香火最旺的日子，人们纷纷纪念这位医术高超的恩人。

在医学方面，他给后世留下了中国第一部临床急救手册——《肘后备急方》。"肘后"是说这部书篇幅很小，可以挂在胳膊肘上随身携带，可以说是"袖珍本"。"备急"是应急的意思，可以应对一些急性传染病。在科技欠发达的古代，人们无法知道急性传染病是由微生物引起，认为这是天降的

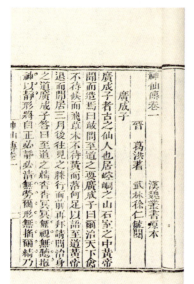

葛洪撰《神仙传》书影
《神仙传》是东晋道教人士葛洪所著的一部古代中国志怪小说集，共十卷。书中收录了中国古代传说中的92位仙人的事迹，其中很多人物并不是道士，但均被葛洪"请入"传中。《神仙传》以想象丰富、记叙生动著称。

葛洪炼丹图

灾祸或者鬼邪作祟，等同于不治之症，称为"天刑"。葛洪却认定急病是中了外界的疠气，同样有办法可以医治。

书中记载了各种病症在突然发作时的治疗方法，其中对天花、恙虫病和脚气的描述堪称中国首例。古代把狂犬病叫作"恐水病"，因为被狂犬病毒感染的病人只要受到一点刺激就会发生痉挛，尤其对水和风十分敏感，看见水、听到流水声甚至别人提到水，都有可能引起全身疼痛性抽搐。葛洪首创用狂犬之脑敷在被咬伤的创口上以治疗狂犬病的方法，取得了良好的疗效。直到19世纪，法国的微生物学家、化学家巴斯德才证明狂犬脑中含有抗狂犬病的特殊物质，最终成功研制出狂犬疫苗，拯救了无数生命。此外，许多药剂如今都已被证实是治疗某些疾病的特效药。比如松节油可以治疗关节炎，铜青（碳酸铜）可以治疗皮肤病，雄黄、艾叶可以消毒，密陀僧（氧化铅）可以防腐，等等。《肘后备急方》收录的方药大部分行之有效，而且取材容易，价格便宜，即使是在缺医少药的山村、旅途，也可以随时用来救急，所以深受百姓的欢迎。

葛洪曾将仙人分为三等：上等的能够全身腾空而起，称为天仙；中等的在各地山川名胜之间游荡，这是地仙；下等的死后灵魂脱离凡体而升仙，这叫尸解仙。东晋兴宁元年（363年），葛洪离世，享年81岁。据说他死的时候面容仍像生前一样安详，丝毫没有对死亡的恐惧与痛苦，弟子收殓入棺的时候，感觉他的躯体很轻，宛如只留下一套衣冠而已。于是，葛洪经过多年修行终于超脱肉体、得道成仙的传说越传越广，人们尊称他为"葛仙翁"。

《抱朴子》书影

清光绪刊本，《抱朴子》为东晋葛洪所撰，分为内、外篇。今存"内篇"20篇，论述神仙、炼丹、符箓等事，"外篇"50篇，论述"时政得失，人事臧否"。"外篇"中《钧世》《尚博》《辞义》《文行》等篇中还涉及有关文学理论批评的内容。

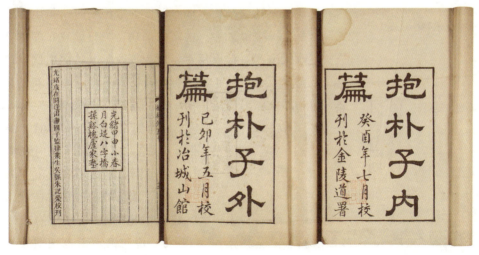

369年—382年

高平徐统有知人之鉴，遇坚于路，异之："苻郎，此官之御街，小儿敢戏于此，不畏司隶缚邪？"坚曰："司隶缚罪人，不缚小儿戏也。"统谓左右："此儿有霸王之相。"

——《晋书·载记第十三》

苻坚统一北方

西晋末年天下大乱，蒲洪被甘肃秦安一带的氐族共同推举为部落首领，先后归附前赵、后赵和东晋。永和六年（350年）根据"草付应称王"的谶语改姓"苻"，自称三秦王。相传其孙子苻坚背上天生就有"草付臣又土王咸阳"的字样，似乎天命昭示，苻坚将在咸阳称王。

时间
376年

民族
氐族

政权
前秦

主要成就
诛杀暴君，登基称帝；
制定一系列政策使前秦国力强盛；
平燕定蜀，统一北方

前秦·菱纹砖

诛杀暴君

正当苻洪打算逐鹿中原时，却被后赵降将麻秋毒死，儿子苻健继位，在永和八年（352年）正式脱离东晋而称帝，定都长安，史称前秦。由于当时流传着"三羊五眼"的谶语，意思是三只羊中有一只是独眼，苻健不敢违背，于是将自幼独眼的苻生立为太子。苻生雄壮勇猛，能徒手与猛兽搏斗，跑得比骏马还快，击、刺、骑、射冠绝一时，但生性残暴，又嗜酒如命。他在父亲病逝当日就宣布即位，改元寿光。群臣反对，认为更改年号按照惯例应该要等到第二年正月，否则有不孝不敬之嫌。新皇帝勃然大怒，下令将带头劝谏的段纯立即处死。

作为历史上少有的暴君，他视杀人如儿戏，宫殿里随时备有刀矛弓箭，看谁不顺眼就立即杀掉；大臣的劝谏往往被视为诽谤，落个当场丧命的悲惨下场；说句奉承话也被视为献

苻坚伐晋

南国山河不易力,
凤鞭欲使断江流。
骄兵百万填泥水,
狼狈归来国已休。
——宋·金朋说

媚,同样难逃一死。一时间朝中人人自危,直到东海王苻坚得知皇帝想除掉自己,先发制人杀死苻生而自立后,满朝文武这才长舒了一口气,终于不再整日胆战心惊。

苻坚从小聪明过人,八九岁时的言谈举止就已经像大人一样成熟稳重了。有一天,他主动向爷爷苻洪请求给自己找个家庭教师,苻洪欣然答应了。苻坚学习刻苦,潜心研读历史和文化典籍,逐渐树立起经世济民、一统天下的远大志向,成了朝野上下享有盛誉的人。苻坚诛杀暴君的行为得到了臣民的支持,也最终印证了自己背上"草付臣又土王咸阳"的谶语。

整顿休养促发展

登基后的苻坚决心进行大刀阔斧的改革,希望有一位得力的辅政大臣与自己共同努力,因而四处搜寻人才,求贤若渴。尚书吕婆楼极力推荐隐居华山的王猛,说他为人严谨刚毅,胸怀大志,有宰相气度,之所以一再拒绝他人的入仕征召,是在耐心等待一位知人善任的伯乐。王猛与苻坚一见如故,谈及国家大事,句句投机,宛如诸葛亮遇到刘备,于是他决定留在苻坚身边出谋划策,担任前秦的丞相、大将军,全面推行政治和经济改革。

当时王公贵族经常恣意妄为、横行霸道。强德就经常无视法度、酗酒行凶,可谁也不敢过问,就因为他是皇太后的弟弟。王猛上任后立即下令抓捕强德,等苻坚迫于太后的压力派人拿着免死令牌飞马赶到时,强德已被就地

前秦·广武将军碑拓片
苻坚建元四年(368年)产碑,碑文隶书,字方一寸,共17行,行31字。碑侧刻文为8行,行12字,每行字数不一。碑文书法疏朗,交浑飘逸,被誉为"绝品"。明代末期发现后流失,民国九年(1920年),重新发现于白水南彭衙寒崇寺。1971年迁西安碑林。《广武将军碑》与东晋永和九年(353年)王羲之的《兰亭序》属于同时代书体,南北辉映,影响较大。

正法、身首异处了。紧接着，王猛下令彻查害民乱政的权贵，整顿各级机构，将为害一方的20多人一鼓作气全部正法。皇亲国戚不得不老实守法，社会秩序大为好转，百姓拍手称快。

苻坚自幼学习儒家经典、仰慕汉族文化，为了扭转氐族迷信武力、轻视文化的落后观念，他积极建设太学和地方各级学校，聘请满腹经纶的学者执教，强制公卿以下的官员子孙全部入学接受教育。皇帝坚持每月到太学视察一次，勉励学生勤奋读书。

苻坚把发展农业作为基本国策，经常派专业人员到各地推广先进生产技术，鼓励农民勤耕种、多织布，积极兴修水利工程，遇到灾荒之年主动减免赋税，不再征派徭役。

为了在厉行节俭方面起到带头作用，他下令节约政府开支，缩减自己的膳食，解散皇宫内歌舞和奏乐的队伍，后宫皇妃以下的宫女改换布衣，不准穿绫罗绸缎。

经过几年的改革和发展，前秦的国力大大增强，为统一北方奠定了坚实基础。

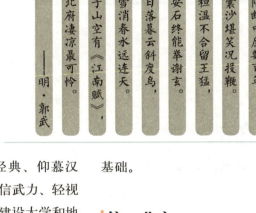

> 江南怀古
>
> 隔断中原数百年，
> 囊沙堪笑况投鞭。
> 桓温不合留王猛，
> 安石终能举谢玄。
> 日落暮云斜度鸟，
> 雪消春水远连天。
> 于山空有《江南赋》，
> 北府凄凉最可怜。
>
> ——明·郭武

宣文君授经图

明陈洪绶绘，现藏于美国克利夫兰艺术博物馆。内容描绘的是前秦苻坚立国之后，听说太常卿韦逞的母亲宋氏相当有学问，她还费心保存了世传的家学《周官音义》。苻坚为了重振朝纲礼乐，便封年纪已经八十的宋氏为"宣文君"，让她向一百多名儒生传授《周官音义》，成为一时美谈。

统一北方

建元五年（369年），前燕吴王慕容垂受到慕容评排挤，为了自保选择归附前秦。苻坚早有了吞并前燕的想法，还特地派了使者前去暗地打探虚实，只是忌惮慕容垂的威名而不敢出兵。如今慕容垂不请自来，苻坚大喜过望，亲自迎接并封慕容垂为冠军将军，完全不顾王猛要他防备对方反咬一口的提醒。

在消灭了与自己长期东西对峙的前燕之后，前秦腾出手来逐一剪除北方的其他割据政权：建元九年（373年），邛、筰、夜郎等国归附前秦；三年后灭前凉和代国；建元十八年（382年）派骁骑将军吕光率10万大军出兵西域，最终征服30余国。当时朝鲜半岛由高句丽、百济、新罗分裂割据，但它们都遣使和前秦建立关系，接受册封。前秦成为中国历史上第一个统一北方的少数民族政权，然而苻坚并不满足于现状，有意南下攻灭仅存的对手东晋。南北两个政权之间的战争一触即发。

> 383年

坚既有意荆、扬，时慕容垂、姚苌等常说坚以平吴封禅之事，坚谓江东可平，寝不暇旦。融每谏曰："知足不辱，知止不殆，穷兵极武，未有不亡。"

——《晋书·载记第十四》

淝水之战

对于王猛临死前的叮嘱，他不以为然；面对大臣群起而反对，他不为所动。他抱定的想法是："自己家建房子何必去征求别人的意见？那样只会徒增烦恼，扰乱既定的计划，必然一事无成。"得知慕容垂支持自己，他高兴地说："看来只有你能和我一同扫平天下呀！"

时间
383年

地点
淝水河畔（今安徽寿县）

双方主要指挥官
东晋：谢安、谢玄
前秦：苻坚、苻融

双方兵力
前秦：参战15万，南征总数超过百万；
东晋：8万，以北府兵为主力

结果
东晋获得全面胜利；
江南赢得数十年和平；
前秦苻坚不久被杀，北方再次陷入分裂

谢玄像
谢玄（343年—388年），字幼度，陈郡阳夏（今河南太康）人。东晋时期军事家，文武兼备，善于治军。他创建的"北府兵"，能征善战，成为东晋最为精锐的武装力量。

苻坚一意孤行

建元十一年（375年），被誉为"功盖诸葛第一人"的前秦丞相王猛去世，他在死前再三劝诫苻坚："东晋虽然偏居江南，但仍是百姓心目中的正统王朝。希望陛下不要对东晋有所图谋。眼下最值得重视和着力解决的应该是国家内部的隐患，鲜卑、羌虏这些异族虽然目前归附我们，但未必忠诚，他们又如此能征善战，必须时刻提防，否则终将成为祸患。"当时前秦表面统一，但内部危机四伏：苻坚将大量胡人迁入关中以便控制，又把本族氐人的势力分散布置在国内各个战略要塞，造成了京师兵力相对空虚；深受儒家思想影响的苻坚把宽厚仁慈当成胸襟广阔，对亡国的君臣并不斩草除根，反倒以礼相待、

淝水之战图

现代顿摩绘。淝水之战的结果使东晋王朝的统治得到了稳定,有效地遏制了北方少数民族南下侵扰,为江南地区社会经济的恢复和发展提供了必要的契机。

封官拜爵,甚至允许他们继续统领原来的部众,造成极大的隐患。

可惜苻坚显然没有听从王猛的建议,始终把目光聚焦在东晋。建元十八年(382年),他在太极殿召见群臣:"我继承皇帝大业已经将近30年。如今四方都已大致平定,只有东南一角还没有蒙受本朝的教化。粗略估算一下兵力,我们能集结97万兵力南下。朕打算亲率大军出征东晋。你们觉得如何?"

权翼、石越认为现在的东晋不但君臣和睦、无隙可乘,朝廷重用的大臣谢安、桓冲等人都是不可多得的才俊,实力不可小觑。弟弟苻融也列举了三点不利因素:天象不利、兵将疲倦、晋室和睦。太子苻宏、中山公苻诜、宠妃张夫人、名僧释道安等人均表示反对。

但苻坚一意孤行,于建元十九年(383年)八月以阳平公苻融为前锋,率军25万先行,并亲自指挥87万大军随后从长安出发。到九月苻坚大军抵达河南项城时,从凉州征调的部队才刚到咸阳,7万水师在梓潼太守裴元略率领下正在从巴蜀地区顺流东下,而幽州、冀州的军队则进入彭城(今江苏徐州)。军事调动横跨东西千里,队伍绵延不绝,旗鼓相望。苻坚得意地说:"只要我一声令下,百万大军把他们的马鞭投入长江,都足以把江水阻断,区区长江天险又有什么好怕的?"

东晋严阵以待

这一年是东晋太元八年,孝武帝司马曜在位,陈郡谢安总揽朝政。谢安出身名门——陈郡谢氏,少年时就被丞相王导器重,但他并不想凭借家族背景去猎取高官厚禄,面对朝廷的几次征召都以有病在身为借口推托。后来干脆到会稽的东山隐居,和王羲之等名士捕鱼打猎、吟诗作赋。等到谢家在朝廷中的人才逐渐凋零,这才走出东山入仕,人称"东山再起",当时他已经40多岁了。

受桓温北伐的影响,当时的长江上游由桓氏家族掌控,下游则由谢氏当政。谢安竭尽全力调和两大家族的关系,大敌当前之际保持了东晋内部的宝贵团结。然后推荐侄子谢玄镇守广陵(今江苏扬州),与自己一道保卫淮南地区。谢玄招募了以刘牢之为代表的一批骁勇善战的将领,将来自北方兖州、徐州的流民整编训练,组成了赫赫有名的"北府兵",这支劲旅成为后来淝水之战中的晋军主力。

当前秦大举南下的消息传到建康后,谢石坐镇建康指挥,以谢玄为前锋,率兵8万,北上抵御强敌。

决战淝水河畔

秦军前锋苻融攻占寿阳,初战告捷,同时截断了东晋援军胡彬的退路,将其团团包围在硖石地区。苻坚接到捷报大喜过望,将大军留在项城,自己带着8000骑兵轻装上路连夜赶到寿阳,并派之前在襄阳俘获的东晋将领朱序劝降。不料朱序将秦军的战略部署和盘托出,向晋军建议,趁对方尚未集结完毕之机主动出击。

谢石本来打算坚守死战,听了朱序的话后决定改变作战计划,一鼓作气击败敌方前锋,挫其锐气。他命令刘牢之率北府兵5000人渡过洛涧进击前秦梁成的5万部队,对方一触即溃,许多兵士在争相逃亡中落入淮水,死者达1.5万人。洛涧之战令晋军信心倍增,谢石命令晋军水陆并进,直抵淝水东岸,在八公山下安营扎寨,与寿阳的秦军隔河对峙。

苻坚和苻融登上城头观察敌方动向,只见对岸的晋军布阵严整,训练有素,心中不禁紧张。再望向北面的八公山,风吹过长满草木的山头就像无数战士在列队行进,顿时面露惧色。

鉴于双方力量对比悬殊,持久战对晋军不利,谢玄主动派使者去秦营交涉:"贵国孤军深入,却临水布阵,看来你们是做好了消耗战的准备啊。不如你们往后退一点,腾出一块地方让我们过来,双方一决胜负,如何?"

苻坚同意了这个主意,准备趁晋军渡水一半时发动进攻。其他将领却认为秦军人多势众,守住淮水阻止敌人渡河,这才是万全之策。苻坚再一次固执不听,命令苻融指挥军队后退。

哪知秦军刚一后撤,顿时阵脚大

谢安像

谢安(320年—385年),字安石,陈郡阳夏(今河南太康)人。东晋著名政治家,多才多艺,善行书,通音乐。性情闲雅温和,处事公允明断,不专权树私,不居功自傲,有宰相气度。他治国以儒、道互补;作为高门士族,能顾全大局,以谢氏家族利益服从于晋室利益。王俭称其为"江左风流宰相"。

乱。谢玄率8000骑兵趁势抢渡淝水，登陆后立即向秦军发起冲锋。眼见晋军杀到，秦军的前方部队更加慌乱地后撤，后方部队不清楚战况，还以为是吃了败仗。迟疑不决之际，降将朱序故意扰乱军心，在阵营中放声大喊："秦军败了！秦军败了！"苻坚大军顿时失控，争相溃逃，兵败如山倒。苻融想拦阻退兵，不料坐骑突然倒地，自己也死在乱军之中。晋军从后追杀，秦军自相踩踏，死者无数。逃兵们一路上听到风的呼啸声和飞鹤的鸣叫，都误以为是仍未摆脱身后穷追不舍的晋兵，一直到了北方才放下心来。

淝水之战是历史上以少胜多的著名战例，深刻影响了后世的战争观念和战略决策，也决定性地影响了前秦和东晋两个国家的命运。东晋乘胜收回黄河以南故土，把边界线推进到黄河一带，此后数十年间再无大战，为江南地区社会经济的发展创造了条件。对前秦来说，惨败则引发了连锁反应。

前秦覆灭

对苻坚来说，一统天下的美梦瞬间化为烟云，他本人也中箭负伤，单枪匹马逃到淮北。随后与慕容垂的3万军队会合，沿途收集逃散的败军，只有10万人返回长安，百万大军损失殆尽。

早在慕容垂前来投奔时，丞相王猛就把他比作蛟龙猛兽，认为始终难以控制和驾驭，不如彻底铲除。而苻坚相信怀柔治天下，没有同意。后来前燕皇帝慕容暐被生擒，不但没有被杀，反而获得了新兴郡侯的爵位。结果，"淝水

晋灭吴之战与淝水之战对比

晋灭吴之战	淝水之战
279年十一月至次年三月	383年
司马氏建立晋王朝后，向南方孙吴政权发动的统一全国之战	北方的统一政权前秦，向南方东晋发起的侵略吞并之战，意图统一
兵分6路，水陆并进，快速突破	以少胜多的经典战役
西晋准备充分周密，战略指挥正确，作战部署得当，以胜利而结束；孙吴方面自恃长江天险，水军强大，戒备松散	前秦战前没有周密的战略部署，战略上骄傲轻敌，心理上怀有侥幸取胜，临战指挥失误；东晋抗战意志坚定，战术得当
西晋攻击的重点在长江上游的江陵（今荆州），江淮战场上的军事行动只是牵制	前秦攻击的重点在江淮战场而非荆州，水军迟迟打不开局面
是中国战争史上第一次大规模突破长江天堑的江河进攻战，西晋统一中国	前秦嫡系部队全灭，其他兵力叛亡；前秦国家一蹶不振，不久苻坚被叛将所杀

之战"后眼见前秦元气大伤,一直被苻坚厚待的慕容垂趁机举兵叛乱,而前燕皇帝慕容暐在长安也不安分,秘密召集族人策划刺杀苻坚。消息泄露后,苻坚这才诛杀慕容暐及其宗族。

前秦建元二十年(384年),慕容垂在河南荥阳自称燕王,建立后燕。同年,姚苌在关中同族羌人的推戴下自称万年秦王,建立后秦。两年后,苻坚本人在新平(今陕西彬县)也被姚苌俘获并杀害,前秦不久也宣告灭亡,北方重新回到四分五裂的状态。

东山报捷图

现代傅抱石绘。当晋军在淝水之战中大败前秦的捷报送到时,谢安正在与客人下棋。他看完捷报,便放在座位旁,不动声色地继续下棋。客人憋不住问他,谢安淡淡地说:"没什么,孩子们已经打败敌人了。"直到下完了棋,客人告辞以后,谢安才抑制不住心头的喜悦,舞跃入室,把木屐底上的屐齿都碰断了。淝水之战的胜利,使谢安的声望达到了顶点。

▶ 东晋末至南朝宋初

素简贵，不私事上官。郡遣督邮至县，吏白应束带见之，潜叹曰："吾不能为五斗米折腰，拳拳事乡里小人邪！"义熙二年，解印去县，乃赋《归去来》。

——《晋书·列传第六十四》

不为五斗米折腰

对一个嗜酒如痴的魏晋名士来说，看开生死非常容易，将得失荣辱置之度外也不是件难事，怕只怕没有足够的酒喝，官场俗事太多的羁绊。

后世称谓
靖节先生

出生地
浔阳柴桑（今江西九江）

任职
江州祭酒、建威参军、镇军参军、彭泽县令

逸事典故
白衣送酒；
我醉欲眠卿可去；
不为五斗米折腰

主要作品
《陶渊明集》

主要成就
田园诗派创始人、第一个大量创作饮酒诗的诗人

陶渊明像
陶渊明（约365年—427年），字元亮，又名潜，自号五柳先生，私谥靖节先生，今江西九江人。东晋、南朝的文学家，出身世族，因当时政治黑暗，一心脱离尘网，寄情于田园生活。

酒是难得的奢侈

"古来圣贤皆寂寞，唯有饮者留其名"，李白在《将进酒》中的这句诗将纵酒人生的豪情渲染得无上荣光，对东晋时期开创田园诗派的陶渊明来说，他的一生也与酒有着不解之缘。

陶渊明所作的饮酒诗共有20首，遇到难得的佳酿，还会特意说明其来源，他说："我一生闲居，生活平淡，很少有什么值得开怀的事。临近冬日，长夜漫漫，偶尔得到名酒，于是无夜不饮，但独自一人举杯，很快就有了醉意，在半醒半醉之间，总要写几句诗自娱自乐。"酒究竟是为了浇灭孤寂还是激发灵感？

或许两者兼有，有时又仅仅是为了贪图那畅饮的一时痛快。好友颜延之到始安郡当官，因为

距陶渊明家很近，便天天去相聚畅谈。眼见陶渊明两袖清风、家徒四壁，颜延之临走时留下2万文钱作为生活上的接济，结果

归园田居·其一

少无适俗韵，性本爱丘山。
误落尘网中，一去三十年。
羁鸟恋旧林，池鱼思故渊。
开荒南野际，守拙归园田。
方宅十余亩，草屋八九间。
榆柳荫后檐，桃李罗堂前。
暧暧远人村，依依墟里烟。
狗吠深巷中，鸡鸣桑树颠。
户庭无尘杂，虚室有余闲。
久在樊笼里，复得返自然。

——东晋·陶渊明

这些钱被全数送到酒家，以便日后利索地取酒。在之后的一段时间里，但凡有人去造访，陶渊明都要和客人痛饮一番。如果先喝醉了，就会直言不讳地下逐客令："我醉了，想去睡觉啦，你可以回去了。"

可他偏偏在很多时日都只能凭空回味美酒的醇香，手里空有一束清香的菊花。菊花在汉魏时代被视为养生、长寿的象征。著名道教人士、医药学家葛洪曾在《抱朴子》中记载，汉代宫廷盛行用菊花酿酒，喝了以后可以延年益寿；河南南阳西北有个叫甘谷的地方，小溪上游长有很多野菊，周围三十多户人家长期饮用山谷里的溪水，最长寿的人有一百二三十岁，最短的也活了七八十年。于是饮菊花酒逐渐成了重阳节的一个重要习俗。然而就在重阳节这天，陶渊明"采菊东篱下，悠然见南山"，家中却没有酒喝，正坐在园圃旁边失落叹息，只见一袭白衣款款而来——江州刺史王弘给他送酒来了。陶渊明喜上眉梢，当即揭开酒封豪饮一番，尽兴之后才晃晃悠悠地回了家。

至于为什么缺酒，这就要从家贫说起了。

没有天生的隐士

陶渊明的祖辈曾在官府供职，家境起初还不算太坏。八岁时父亲去世，家里的几亩薄田只能勉强维持生计，但除此之外又没有其他收入来源，生活逐渐变得拮据。陶渊明回忆："我小时候生活困窘，经常奔走四方借债度日，十分艰辛。"到了晚年，随着年老体衰，陶渊明常常饿肚子，白天盼着夜幕早点降临，到了晚上又指望快点天亮，冬天只能披着夏天的薄衣，夏天也没有几件换洗的衣服，简直到了需要施舍救济的地步。食不果腹、衣不蔽体，酒当然就成了一种难得奢侈的享受，只能偶尔得到满足。

正是生活所迫，他为了养家糊口而不得不谋求一份职务。他曾在《归去来兮辞》中自叙为官的缘由："彭泽县距离我家有百里距离，只因这份薪俸足以谋生和养家，甚至可以满足自己饮酒的嗜好，我这才答应前去做县令。"

归去来图

宋末元初画家钱选绘。东晋田园诗人陶渊明的名篇《归去来兮辞》历来为诸多画家喜爱之题材,其中不乏许多传世名作,本卷就是其中之一。现藏于美国纽约大都会艺术美术馆。

彭泽县令是他的最后一次出仕。而他的政治生涯其实从20岁就开始了:29岁时出任江州祭酒,隆安二年(398年)担任东晋将领桓玄的幕僚。一年后母亲去世,陶渊明回到浔阳守孝3年,古代称为丁忧。丁忧期满后,他又怀着"四十无闻,斯不足畏"的信念再度出仕,成为镇军将军刘裕的参军。

每一次当官的时间都很短,不只是出于母亲病逝需要守孝的客观因素,更因为他内心长期的矛盾和彷徨。因为他从小饱读儒家经典,像其他文人一样也有着一展宏图的抱负;但在那个老庄盛行的年代,他也受到了道家思想的熏陶,发自内心地喜欢清静自然的田园生活。禄禄官场违背他的本性,以繁杂事务居多的低级职务又偏偏做不出什么轰轰烈烈的事迹,即使只想着兼济一方百姓,也往往受制于官场的倾轧和腐败而有心无力。

他在担任彭泽县令80多天后决心彻底离开摧眉折腰的官场。这一天,太守派了督邮前来视察工作,督邮一到彭泽,立马派人叫当地县令来见他。

督邮把地方官亲自迎接已经视为自然而然的惯例,觉得再正常不过,可

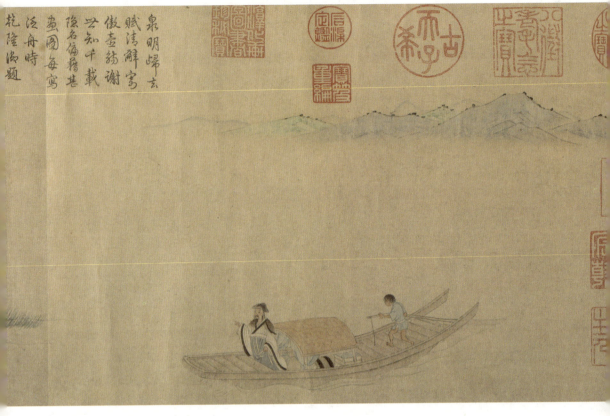

陶渊明却不这么看——自己作为县令，在品级上并不低于督邮，理论上并不需要对这位并非上司、只是上司派下来的助手点头哈腰。

县衙的小吏拦住正打算便装出门的他："大人，参见督邮要穿正式的官服，不然有失体统，万一督邮借题发挥，在太守面前大做文章，这会对您不利的！"陶渊明本来就对这种假借上司名义发号施令的人很瞧不起，此时，心底那股不肯摧眉折腰、趋炎附势的傲气喷薄而出，说了一句："我终归还是不能为了区区五斗米就向得势傲慢的小人折腰啊！"取出官印封好，写下一封辞职信，随即扬长而去。

黄花晚节

在官宦生活和田园生活之间徘徊了大半辈子，那一刻，他挥一挥衣袖，放弃了功名，给自己留下了尊严和自由。即使继续过着生计没有着落的生活，也好过违心地混迹于官场。"富贵非吾愿，帝乡不可期"，《归去来兮辞》成了他从仕途解脱、回归田园的宣言，这篇抒情小赋语言浅显自然、感情真挚通脱，意由心生、浑然天成，无怪乎北宋政治家、文学家欧阳修评价说："晋无文章，惟陶渊明《归去来兮辞》一篇而已。"

归隐生活正式开始，他的晚年生

活不出意料地穷困潦倒，但直至生命结束再也没有政治的羁绊。元嘉四年（427年），檀道济听说了他的名声，带着精美的膳食去看望，"顺便"劝其再度出仕。陶渊明坚决拒绝，礼物也被如数奉还。同年，他在浔阳去世，友人私自给他取了一个谥号——"靖节"，意在肯定他一生不贪慕名利、安于田园闲居的隐世情结。陶渊明这种对自由和傲骨的坚贞犹如黄花晚成，在生命的最后奉献了最清幽的芬芳。

菊花，花中四君子之一，在中国十大名花中排行第三，其傲霜耐寒的特征恰恰与陶渊明神似。故而陶渊明或许是历史上第一个爱菊成痴的诗人，他亲手种植大量名叫"九华菊"的品种，白瓣黄心，花头极大，直径可达二寸五分，九月中旬盛开，枝叶疏散，伴有清香。在深秋时节采菊入酒，没有酒时就嚼几瓣菊花解馋，采一束初开的秋菊打扮陋室，望着"黄花晚节"的植物，更加怡然自得于"结庐在人境，而无车马喧"的幽静。

"秋菊有佳色，裛露掇其英。泛此忘忧物，远我遗世情"。与菊相伴、以菊自比，陶渊明与菊产生了密不可分的关联，唐朝人甚至直接把菊称为"陶菊"或"陶家菊"。而陶渊明的那份清雅与淡泊，也成了菊所代表的意象与品格，被后世文人所钟爱。

在饮酒、采菊的同时，他把自己的田园生活通过质朴而优美的诗赋刻画出来，勾勒出隐居生活最美的画卷。一篇《桃花源记》所描绘的安宁祥和、自由惬意的生活勾起了无数人心中的世外桃源，一篇《归去来兮辞》把洁身自好、不同流合污的精神情操抒发得昂然正义。他的传世作品共有125首诗，12篇文章，被后人编为《陶渊明集》，成为魏晋文学的一座秀丽山川，引得无数文人骚客心生眷恋。

酒、菊、诗构成了陶渊明一生的知己，这种独特的生活方式成了许多人真心向往却难以达到的境界，正如杜甫在《可惜》一诗中吟咏的那样："宽心应是酒，遣兴莫过诗。此意陶潜解，吾生后汝期。"

陶渊明爱菊图
明陈洪绶绘，现藏于美国火奴鲁鲁艺术学院。

陶渊明诗意册
清原济绘。该画通过描绘回归自然、淡于荣禄、不与统治者合作的隐士陶渊明来表现自己美好的理想。

403年

玄伪上表求归藩，又自作诏留之，遣使宣旨，玄又上表固请，又讽天子作手诏固留焉……谓代谢之际宜有祯祥，乃密令所在上临平湖开除清朗，使众官集贺。

——《晋书·列传第六十九》

桓玄篡晋建楚

桓玄乘船仓皇逃往益州，途中遇到效忠东晋的毛祐之等人迎面射击，一时间箭如雨下，桓玄负伤，血流不止。益州都护冯迁第一个跳上船头，提刀上前。桓玄质问："你是什么人？敢杀天子！""我只是在杀天子的叛贼！"冯迁手起刀落，仅存数月的桓楚王朝宣告覆灭。

时间
403年

建立政权
桓楚

身份
大司马桓温之子、东晋丞相、楚王、桓楚皇帝

主要成就
消灭殷仲堪和杨佺期，占据荆、江之地；
篡位建立桓楚政权；
改简牍为纸张；
《桓玄集》20卷，并注《周易·系辞》2卷

人生结局
先被刘裕击败，后被毛祐之、冯迁杀死

被讨伐起兵

宁康元年（373年），独揽朝政十余年的东晋权臣桓温去世，临终前让自己平日最喜爱、也是最小的儿子桓玄继承了自己的南郡公封爵。在其逝世一周年时，昔日将领齐集桓温之弟桓冲的府中举行祭奠。桓冲抚摸着桓玄的头，对这个年方7岁的小孩说："他们可都是咱们家的老部下啊。"桓玄脑海中回想起父亲的慈爱，顿时潸然泪下，在场的许多人都惊讶于他的孝顺和早熟。

长大后，桓玄相貌堂堂，对自己的才能也颇为自负，每每以英雄自命。鉴于桓温晚年有谋朝篡位

东晋·越窑蛙形水盂
胎土呈灰色，通体施青绿色釉，底部无釉。器物整体造型为一青蛙，器腹为扁圆形，似青蛙鼓起的腹部，上有小口，口部四周分别堆塑青蛙的头、尾及四肢，蛙嘴张开，蛙头上仰，蛙眼突出，四肢蜷缩在身旁，如同在等待捕食一样。身上以圆点和线条装饰，使得整个青蛙栩栩如生。

登荆山诗

理不孤湛，影比有津。
曾是名岳，明秀超邻。
器栖荒外，命契响神。
我之怀矣，巾驾飞轮。

——东晋·桓玄

的明显迹象，朝廷对桓玄始终心存戒心，不敢委以重任。直至太元十六年（391年），23岁的他才成为并无实权的太子侍从官。几年后出任义兴（今江苏宜兴）太守，他觉得郁郁不得志，曾发出感叹："父亲曾是号令九州的霸主，为什么他的儿子却只是区区一介地方芝麻官呢？"很快他就辞了职，回到自己的封国南郡（今湖北江陵）。

途经建康时，桓玄特意去拜访当时主政的宰相司马道子。司马道子酒喝多了，当众问他："桓温晚年想当乱臣贼子，你怎么看？"桓玄吓得跪地不起，汗流浃背。幸亏王府里的谢重出来圆场，这才结束了令人尴尬的场面，但桓玄从此对司马道子心生怨恨。

回到江陵，桓玄凭借谯国桓氏的显赫门第以及父亲的崇高名望，纵横捭阖，一步步清除了殷仲堪、杨佺期等人，势力渐渐稳固。

元兴元年（402年），司马道子之子司马元显下令讨伐桓玄。得到消息后，桓玄起初非常畏惧，打算坚守江陵。部下卞范之认为不该示弱，而应主动攻击建康。于是桓玄亲自率兵东进，一路十分顺利，竟未遇到什么像样的抵抗。身为东晋主力——北府军将领的刘牢之担心在击败桓玄后会被司马元显过河拆桥，竟选择向桓玄投降。于是桓玄迅速攻占建康，被他记恨的会稽王司马道子和儿子司马元显相继被杀，而刘牢之也并没有避免兔死狗烹的命运，被剥夺军队指挥权，他意图反叛却得不到北府军将领的支持，最终在北逃广陵的途中无奈自杀。

篡晋登基

桓玄掌控了朝政大权，首先指示朝廷正式任命自己为丞相，享有一系列高规格礼遇。不久又腾出一些职务，安

《佛国记》书影

东晋法显著。法显（约337年—约423年），僧人，伟大的旅行家。他备经艰险，游历了今阿富汗、巴基斯坦、印度、尼泊尔、斯里兰卡和印度尼西亚等地，带回并翻译了大量佛教经典。《佛国记》记述了他所经30余国的历史、地理和风俗习惯，也保存了5世纪初亚洲佛教史的珍贵资料。现藏于中国国家博物馆。

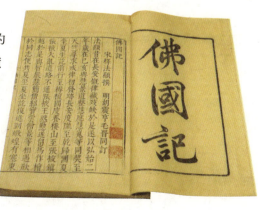

《墓主人生活图》纸画

1964年吐鲁番市阿斯塔那东晋墓出土,现藏于新疆维吾尔自治区博物馆。这是由6张纸拼合而成的一幅生活图,画面生动而写实地表现了墓主人生前真实的生活状态,甚至有酿酒的器皿和全过程的描画。这是中国目前保存完好、时代最早的一幅纸画。

排桓伟出任荆州刺史,桓修充当徐、兖二州刺史,桓石生为江州刺史,由桓氏宗族和自己的亲信垄断了朝廷内外的关键职位。而他自封太尉、平西将军、豫州刺史等职务,同时获得剑履上殿、入朝不趋、赞奏不名的三项特殊待遇。

为了博得虚名,他先主动上书要求讨伐后秦皇帝姚兴,然后授意朝廷颁下诏书不许,他立即装作遵从命令的姿态停止了"准备出发"的行动。当时庾厷率7000人发动叛乱,乘虚攻克襄阳,但不久就被桓石康等人平定。桓玄又装模作样地请求回到封地,亲临前线指挥,然后立即替朝廷草拟好诏书来挽留自己,沦为傀儡且患有先天性智障的晋安帝司马德宗只好"亲笔"写下圣旨苦苦挽留,桓玄这才心满意得。

亲信卞范之、殷仲文等人极力鼓动桓玄早日篡位,连加授桓玄九锡之礼的诏令都暗中提前写好了。桓玄让朝廷划出十个郡册封自己为楚王,加授九锡,连自己的冠冕都与皇帝特有的规格一样,有十二旒。

人们认为,改朝换代往往会伴有天降祥瑞作为预示。但当时偏偏没有人识趣地主动报告各地出现的吉祥征兆,桓玄只好选择人工制造祥瑞,派人秘密清理长期被杂草淤塞的钱塘临平湖,然后大肆宣扬说临平湖忽然水流畅通;又诈称江州降下甘露,再极力传播异常现象大量涌现的谣言,说这是在预示自己即将登基称帝。

大亨元年(403年)十一月十八日,晋安帝将卞范之提前设计好的禅让诏书照猫画虎地抄了一遍,便"决定"把司马氏的皇位禅让给桓玄。面对文武百官的劝进,桓玄虚情假意地推辞了几次,然后"顺乎民情",于十二月三日

东晋·部曲将印及印文

铜质,武官印。篆刻白文篆书,印文工整,章法精到。"部曲"原系汉代军队编制的名称,"部曲将"这一官职最初设置是在东汉末年,延续到魏晋时期。统领部曲的将领为"部曲将",归部曲督管。

正式登基。

仪式上，御座忽然垮塌，大臣们不禁错愕，不知该说些什么来圆场。幸亏殷仲文思维敏捷，有板有眼地解释说："陛下圣德深厚、惠泽天下，以至于苍茫大地都承载不起如此厚重的恩德啊！"这个马屁拍得恰到好处，桓玄顿时觉得心旷神怡，有种飘飘欲仙的感觉。

东晋·金镯、金簪
打磨精致，风格简朴平实，没有什么华丽的装饰，是六朝时期人们崇尚自然这一普遍追求的反映。

刘裕起兵

刘裕自称是汉高祖刘邦弟弟楚元王刘交的第二十二世孙，血统高贵，只是到了他这一辈家境早已衰败，沦落到要靠砍柴、种地、打鱼、卖草鞋为生。刘裕长大后身高七尺六寸，不拘小节，一副英雄气概。后来他加入北府军，作战勇猛，常常披坚执锐、身先士卒，很快成为主帅刘牢之手下最得力的一员战将。

桓玄起兵时，刘裕曾多次劝说刘牢之利用手中的军队对其牵制，刘牢之却选择了出卖朝廷。在这种情况下，刘裕等一批将领纷纷选择离开北府军，回到乡下闲居，静观时变。果然，桓玄为了消除隐患而大力剿杀北府军旧将，刘裕韬光养晦，假装大力支持桓玄，这才得以免祸。鉴于刘裕在军队中享有很高威望，桓玄丝毫不敢小看他，同时为了笼络人心，不久就重新起用刘裕并将其视作心腹。

妻子刘氏曾劝桓玄，说刘裕非池中之物，应该尽早除掉。桓玄不以为然地说："我正打算荡平关陇地区，正好利用他，怎么可以现在就杀掉呢？等平定中原了之后，再做打算也不迟。"

结果桓玄刚登基不久就传来了刘裕联合何无忌、刘毅等人起兵讨伐自己的消息。看到皇帝整天忧心忡忡，有大臣安慰说："刘裕力量弱小，不成气候，陛下何必如此惶惶不安呢？"桓玄摇了摇头："刘裕堪称当代英雄；刘毅家里本来没有多少储蓄，但为了征兵竟像掷骰子一样捐出百万金钱，足见他是个干大事的人；何无忌是刘牢之的外甥，勇猛冲锋的风格像极了他的舅舅。这三个人联合起来，怎么敢轻易断言他们就不能成功呢！"

事实也正如桓玄所预料的那样，刘裕等人于永始元年（404年）二月二十七日起兵，只用了不足一年的时间就彻底铲除了桓氏势力，而桓玄也在逃亡途中身首异处。不过，经历了桓玄作乱之后，东晋的国祚也走到了尽头，历史即将揭开新的篇章。

> **东晋时期**
>
> （王敦）自言知打鼓吹。帝令取鼓与之，于坐振袖而起，扬槌奋击，音节谐捷，神气豪上，傍若无人。举坐叹其雄爽。
>
> ——《世说新语·豪爽第十三》

名士狂态与魏晋风度

王敦出身琅琊王氏，曾协助司马睿建立东晋。他年轻时因讲方言而被讥笑为"乡巴佬"，对晋武帝和当朝名流谈论的文雅、高端的技艺毫无兴趣，但当他旁若无人地击起鼓来，威武豪迈的气概立即赢得满座惊叹。爽朗、率真、从容、个性才是魏晋时代的气度！

内涵
独特的人格精神与生活方式

主要特征
个性、自由、尊严；
率真、从容、放浪

代表人物
嵇康、王导、王羲之、谢灵运、谢安、阮籍、刘伶、陶渊明

行为表现
避谈政治，淡泊名利
纵情山水，隐居田园
服食丹药，注重养生
文学创作，吟诗作赋
海量豪饮，嗜酒成风

时代名士

饮酒、服药、纵情山水是魏晋时期天下士人普遍推崇的生活方式。从正始年间玄学大师何晏、王弼到竹林七贤阮籍、刘伶等人，从西晋名士领袖王衍到江南名门望族的王导、谢安等人，无不是一派"烟云水气""风流自赏"的仙人气度，《世说新语》便是对这个时代名士们独特风格的集中记录。

他们淡泊名利，许多人尽管满腹经纶，却一再拒绝入朝为官。王羲之出身家族集中居住乌衣巷的琅琊王氏，伯父王导曾出任东晋丞相。

阮籍像

阮籍（210年—263年），魏晋时期诗人，字嗣宗，陈留（今属河南）尉氏人。竹林七贤之一，建安七子之一阮瑀之子。曾任步兵校尉，世称阮步兵。崇奉老庄之学，政治上则采取谨慎避祸的态度。阮籍是"正始之音"的代表，著有《咏怀》《大人先生传》等，其著作收录在《阮籍集》中。

太尉郗鉴想给爱女挑选一位佳婿，听说丞相王导家子弟众多，个个才貌俱佳。王导爽快地应承说："你尽管到我家来挑吧，只要你看中了，我都一概同意，不管是谁。"王府子弟听说当朝太尉派管家来选婿，精心打扮一番争相出来相见。唯独东院书房内靠东墙的床上躺着一位敞开上衣、袒露肚皮、四仰八叉睡觉的16岁少年无动于衷。听了管家的汇报，郗鉴抱着好奇，亲自前去观察，只见此人才貌双全、气度不凡，当场择为女婿。"东床快婿"的说法就是这样来的。后来很多官员都知道了王羲之才华横溢，屡次请他出仕，但都被他婉言谢绝。他曾做过右军将军，人称王右军，最后还是借口生病休养而弃官隐居，每天游山玩水、养鹅钓鱼、苦练书法，成就了放浪形骸的一生以及天下第一行书——《兰亭序》。

他们纵情山水，在自然中陶冶性情，满足于恬静悠然的田园生活。谢灵运原名谢公义，出身陈郡谢氏，是东晋名将谢玄的孙子，父亲谢瑍担任过掌管国家图书典籍的秘书郎，母亲则是王羲之的外孙女。他18岁就承袭了康乐公的爵位，人称"谢康乐"，曾出任大司马行军参军、永嘉太守等职务，但他经常荒废政事，遨游山水。为了方便登山，他甚至发明出一种

坦腹东床图

现代金协中绘。坦腹东床这一典故出自《世说新语》和《晋书·王羲之传》。

"上山去前齿,下山去后齿"的专用木屐——谢公屐。他的诗大多描写会稽、永嘉、庐山等地的山水名胜,由于形式美、意境美,每当他有新的诗篇传出,人们竞相抄录,流传很广,由此开创中国文学史上山水诗派。在两次辞官还乡期间,谢灵运打算认真做一辈子的隐士,所以用心扩建谢氏家族几代人营造起来的始宁庄园,把一片自然林野改造成幽静的世外田园。事实上,营建属于自己的一方田园在当时的士人里十分流行,从石崇、潘岳到王羲之、许询,都曾在文学作品中咏吟自己的庄园宅墅。

雅量与超脱

他们超脱荣辱,从容淡定,以一份雅量赢得后人的景仰。谢安,性情闲雅温和,处事公允明断,从不专权谋私或者居功自傲,很有宰相气度。东晋太元八年(383年),前秦皇帝苻坚指挥号称百万之多的大军水陆并进,试图吞灭东晋、一统天下。形势危急,朝野上下一片紧张,以征讨大都督身份负责抵御强敌的谢安依旧镇定自若,派谢石、谢玄、谢琰和桓伊等一批年轻将领率8万士兵前去抵御。当时驻守在荆州的将领桓冲不以为然地说:"谢安的气度确实令人钦佩,但实在不懂打仗啊。大敌当前,他还那么悠闲自在;我方兵力那么少,他还坚持派一些没经验的年轻将领去指挥。看来我们逃不过失败被俘的命运

谢灵运像
谢灵运(385年—433年),祖籍陈郡阳夏(今河南太康),生于始宁(今嵊州和上虞交界),南北朝著名诗人,主要成就在于山水诗。由谢灵运始,山水诗乃成中国文学的一大流派。

了。"当晋军获得淝水之战胜利的捷报送到建康时，谢安正与客人对弈，看完捷报，他便放在座位一旁，若无其事地继续下棋。客人忍不住问："是前线传来的消息吗？"谢安淡淡地回答："没什么，孩子们已经打败敌人了。"直到下完棋、客人告辞，他这才抑制不住心头的喜悦，在踏过门槛时把木屐鞋底的屐齿碰断了，也都浑然不知。无论面对的是重大危机还是超凡成功，谢安都临危不惧、宠辱不惊，始终不会表现出明显的忧虑、恐惧或是得意忘形的情绪，就像道家所宣扬的那样。

　　他们率性而为，认为真正的名士风范就应该超凡脱俗、狂放不羁，甚至做出一些有悖常理的事来。阮籍，字嗣宗，建安七子阮瑀之子，曾任步兵校尉，世称阮步兵。他性格孤僻，不经常说话，常用眼睛来表达好恶，用白眼对待讨厌的人，用青眼对待喜欢的人。母亲去世时，好友嵇康的哥哥嵇喜前来吊唁致哀，阮籍也不管守丧期间应有的礼节，只因为自己嫌弃在朝中做官的嵇喜为人鄙俗，就给他一个大白眼。嵇喜被看得浑身不自在，就识趣地匆匆告辞了。后来嵇康带着酒、夹着琴到来，他欣喜若狂，黑眼珠马上就转过来了，热情予以接待。在为母亲服丧期间，他在司马昭的宴席上喝酒吃肉。何曾故意向司马昭告状："您不是一向提倡以孝治国吗？阮籍在服丧期间

羲之爱鹅图卷
元钱选绘。王羲之喜爱鹅。会稽有一个孤老太太养了一只好鹅，想要卖掉可是没人要。王羲之听说了，就邀了朋友打算前去观赏。老妪听说王羲之要来，就杀了鹅准备款待他，王羲之到后，见鹅已死，感叹而归。

阮籍醉卧图
阮籍蔑视封建礼法，嗜酒如命。邻家少妇有美色，阮籍经常到少妇那里买酒喝，醉后便睡在卖酒的美妇身旁，因其行为怪异，美妇的丈夫也不认为他有什么不轨。

出席宴会，大吃大喝，没有一点伤心的样子。应该把他流放边疆，以正风俗教化啊。"阮籍继续只管自己吃喝，丝毫不以为意。

嗜酒服药

他们嗜酒如命，每日狂饮，在半醉半醒之间忘记纷扰、远离是非。秦汉年间提倡戒酒，魏晋时期酒禁大开，开始允许民间自由酿酒，这种令人疯狂的饮品迅速在民间普及开来。从曹操"对酒当歌，人生几何"的人生苍凉，到阮籍"醉于酒，隐于狂"的内心苦涩，再到陶渊明"携幼入室，有酒盈樽"的闲适享受，酒成了名士们表达豪爽、逃避现实甚至是应付世事的绝佳方式。刘伶是竹林七贤中社会地位最低的一个，但性情豪迈，酒量惊人，唯一留存于世的文章是《酒德颂》，他几乎把酒视为自己笃信的宗教，每天顶礼膜拜。晋武帝泰始二年（266年），朝廷派特使请刘伶入朝为官。刘伶听说特使已经到了村口，赶紧把自己灌得酩酊大醉，然后脱光衣衫，朝村口裸奔而去。特使看到他这副样子，一副嫌弃的表情，认为他只不过是一个酒疯子罢了。从此，刘伶与政治绝缘，终日饮酒，直到生命走到尽头。

不少人为了追求养生、长生而服

高逸图
唐孙位绘。图中赤膊袒胸、披襟抱膝，眼神显得深沉持重的为山涛；踝足跣坐、手执长柄如意，面有得意之色的是善作"如意舞"的王戎；手捧酒杯，回首做呕吐状，侍者捧壶跪接的则是"嗜酒如命"的刘伶；手执麈尾，面露微笑，神情悠然的是阮籍。麈是带领鹿群的领头者，故而麈尾不仅有拂尘清暑的作用，而且含有"领袖群伦"的意义。这一细节的刻画突出了阮籍在竹林七贤中的领袖地位。

东山丝竹图

元人绘。此图绘的是东晋谢安东山丝竹的故事。图中崇山峻岭,连绵不绝,云雾缭绕,溪流蜿蜒山间。下部绘庭院一座,华屋数楹,院中仕女多抱管弦乐器,院外主人正携仆恭迎远来的贵宾们。全图表现了谢安迎客于东山、丝竹管弦高奏的情节,动态鲜明,仿佛有丝丝乐声流溢而出。而山水佳景清逸幽雅,衬托出主人高逸的情怀。图中人物刻画细腻,画法近于元末盛懋一路,具体作者不得而知。

食灵芝、金丹,最为流行的则是食五石散。何晏不仅是魏晋玄学、清谈风气的推动者,也是服药潮流的发起者,他说:"服食五石散,不只能治病,还觉得神清气爽。"这种神奇疗效经他一宣传,夏侯玄、王弼、嵇康、皇甫谧、裴秀、王羲之等文人名士随之加入,服药迅速成为一种时髦的风俗。五石散服食后使人燥热难当甚至狂躁失态,因此称为"石发",由于制作成本很高,食五石散成为当时富贵人家的标志。

"书圣" 王羲之

王羲之（303年—361年），字逸少，原籍琅琊临沂（今属山东），东晋"第一望族"琅琊王氏门第，后迁居山阴（今浙江绍兴），后官拜右军将军，人称王右军。王羲之在书法艺术史上取得的成就影响巨大，被后人誉为古今之冠，尽善尽美，其书法师承卫夫人、钟繇，有"书圣"之称。

东晋年间流行章草、八分、今草、行书、楷书，王羲之书法是书体转换时期平地而起的高峰，兼善隶、草、楷、行各体，精研体势，备精诸体，自成一家，影响深远。用笔细腻，结构多变，风格平和自然，笔势委婉含蓄，遒美健秀。其代表作《兰亭序》被誉为"天下第一行书"。

书法尺牍散见于唐临《诸法帖》、《十七帖》、日本的《丧乱帖》、唐临《孔侍中帖》等名品。

王羲之曾指导陈郡谢氏的谢安，谢安书法亦成一格。其子王献之亦为书法家，在中国书法史上父子两人并称"二王"。

《初月帖》

王羲之父名"正"，为避父讳，"正月"书为"初月"。此帖是王羲之留存至今最好的书帖。和王羲之其他草书比较，具有古意，可能是较早的作品。此帖用笔、结字和章法都有很多特点。结字大小不一，或长或短，或平正或倚斜，皆随字形和性情而定，行字不求垂直匀称，行距不求密疏划一，这就决定了此帖的错落跌宕、变幻莫测的面貌。

《丧乱帖》

《丧乱帖》用笔挺劲，结体纵长，轻重缓急极富变化，完全摆脱了隶书和章草的残余，成为十分纯粹的行草体。书写时先行后草，时行时草，可见其感情由压抑至激越的剧烈变化。此帖早在唐时就传入日本，或谓鉴真和尚东渡时带去。《丧乱帖》反映了丧乱时期痛苦不安的情绪，因无意于书，故书法越见自然。用笔结字与《兰亭序》比较，略带古意，有些专家推断此种体式的字应更近王羲之书法的本来面貌，所以成为研究王羲之书风的重要材料。

《大道帖》

《大道帖》在右军草书中，最为突出，后人称它为"一笔书"。明张丑《清河书画舫》云："老笔纷披，所谓一笔书也。"十字中，前五字一笔连绵，次两字连缀，复次两字又勾连，最后一"耶"字以末笔竖画一贯直下，控制尺幅的空白。此书如天际行云，宛若游龙，弥足珍贵。

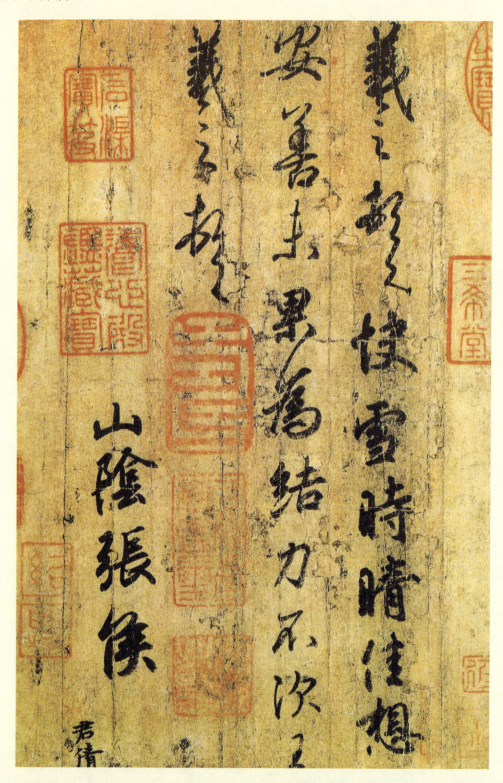

东晋

《快雪时晴帖》

纸本，行书，现存此帖一般认为是唐代摹本。现藏于中国台北"故宫博物院"。全书28个字，字字珠玑，被誉为"二十八骊珠"。

《远宦帖》

《远宦帖》，亦名《省别帖》。乃王羲之草书《十七帖》中的一封书信。整篇气势虽不畅速，但和谐无碍，中无滞阻之处。笔画洒落有致，粗细之间匀净清爽，又不失其古朴之趣，从中可体会古人作草并不一味求其潦草恣肆，而是凝重而无阻塞；但全面来看，气充意随，一气呵成，如瀑流之激荡，时有浪花泛起，足可流连其间，领悟寄情其间，遣词造句之含蕴。

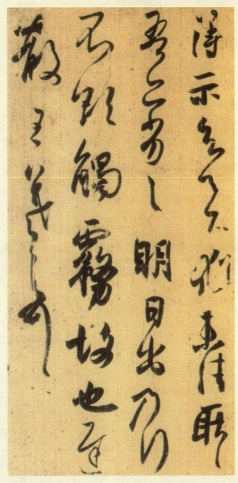

《得示帖》

《得示帖》书风遒丽，初不欲草，草不欲放，有张有弛，有缓有疾，运用之妙，自出胸臆。数字草书，流畅纵逸，发挥了字势的结构美。

《二谢帖》

行草书，纸本墨迹，此帖5行，36字，是王羲之行草书法代表作，现藏日本宫内厅三之丸尚藏馆。《二谢帖》是王羲之的一封信札，文字草行兼之，又和谐统一；用笔之轻重缓急，极富变化；而字势略方，以见骨力。

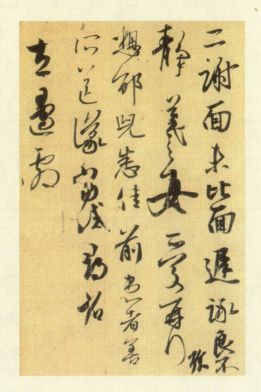

"画圣"顾恺之

顾恺之（约348年—405年），字长康，小字虎头，晋陵无锡（今江苏无锡）人，东晋杰出画家、绘画理论家、诗人。博学多才，擅诗赋、书法，尤善绘画。精于人像、佛像、禽兽、山水等，被时人称为"才绝、画绝、痴绝"。

顾恺之作画，意在传神，其"迁想妙得""以形写神"等论点，为中国传统绘画的发展奠定了基础。他画人物主张传神，重视点睛，并善于利用环境描绘来表现人物的志趣风度。人物衣纹用高古游丝描，线条紧劲连绵，如春蚕吐丝。

顾恺之画迹甚多，传世作品有《女史箴图》《列女仁智图》卷、《洛神赋图》卷，著有《论画》《魏晋胜流画赞（摹拓妙法）》和《画云台山记》三本绘画理论书籍，与曹不兴、陆探微、张僧繇合称"六朝四大家"。

《女史箴图》卷（局部）

《洛神赋图》卷（局部）
宋摹本，《洛神赋图》是顾恺之在某一天偶然读到曹植写的《洛神赋》后有感而作的。由于顾恺之所作原本现已亡佚，仅存数套摹本传世。现藏于中国北京故宫博物院。

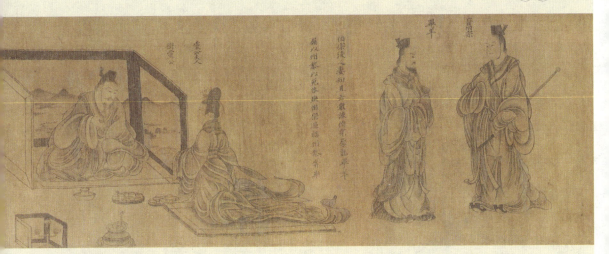

《列女仁智图》卷（局部）

此画以刘向的《列女传》中"仁智卷"内容为摹本，描绘了古代贤妃、贞妇、宠姬等对后世有借鉴意义的人物故事图，画面多处保存了汉代的衣冠制度，如男子头戴进贤冠，身着曲线大袖袍，腰结绶带并配挂长剑；女子梳着垂髻鬟，身着深衣，显示了特定时期的风俗和时尚。此卷为残本，其中"楚武邓曼""许穆夫人""曹僖氏妻""孙叔敖母""晋伯宗妻""灵公夫人""晋羊叔姬"这7个故事是完整的，而"齐灵仲子""晋范氏母""鲁漆室女"3个故事只存一半，其余5个故事则全丢失，又错将"鲁漆室女"之右半与"晋范氏母"之左半拼接在一起。

南北朝

420年—589年

在更迭的政权中,君臣猜忌、骨肉相残
在崛起的新贵中,寒门渐重、士族没落
南朝华丽,北朝粗犷
玄学儒道,南寺北像
融合以汹涌的形势席卷大地等待着下一个时代

▶ 386年

贺染干谋杀其兄讷,讷知之,举兵相攻。魏王珪告于燕,请为乡导以讨之。

——《资治通鉴》

北魏立国

来自黑龙江、嫩江流域的鲜卑族部落在魏晋年间逐步向西、向南迁移,首领拓跋什翼犍于东晋咸康四年(338年)建立代国,被前秦吞并时,作为什翼犍嫡长孙的拓跋珪只有6岁。

复国者
拓跋珪

民族
鲜卑族

时间
386年

主要成就
重建代国;
开创北魏;
击败后燕;
称霸北方

诸多贵人的庇护

灭亡代国之后,前秦皇帝苻坚本来打算将拓跋珪作为亡国皇族强行迁到长安作为人质,以绝后患,遭到原属代国、后来归顺的大臣燕凤的劝阻,拓跋珪才得以留下。后来母亲贺氏带着他四处逃亡,投奔了刘库仁。淝水之战后,前秦政权土崩瓦解,刘库仁被杀,儿子刘显夺得大权后,把拓跋珪看成巨大隐患,意欲除之而后快。

寄人篱下的贺氏得知刘显派刺客前来杀害自己一家人时,当天就备下酒菜宴请刺客,佯装浑然不知对方阴谋,刺客抵挡不住美酒的诱惑,被灌得烂醉如泥。拓跋珪乘着夜色,与代国旧臣长孙犍、元他、罗结等人骑马逃离。拓跋珪来投奔贺兰部的舅舅贺讷,贺讷听了外甥的经历,又惊又喜:"你要是日后复兴代国,可不能忘了我们这些老臣啊。"拓跋珪笑着回答:"要是果真像舅舅您所说的那

拓跋珪像
拓跋珪(371年—409年),鲜卑族人,又名涉珪、什翼圭,北魏开国皇帝。即位初年,积极扩张疆土,励精图治,将鲜卑政权推进到封建社会。晚年则好酒色,刚愎自用,不团结兄弟,最终在宫廷政变中遇刺身亡,终年仅39岁,在位24年。

样，我怎敢辜负您的支持和帮助！"

然而贺讷的弟弟贺染干眼见外甥赢得民心，心中嫉妒，竟率兵包围拓跋珪。贺氏当面质问贺染干："我从刘显那里逃出来投奔娘家人，是你们这些血脉至亲把我安置下来，难道今天却要来杀我的儿子吗？"贺染干满脸惭愧地放弃了行动。

东晋太元十一年（386年）正月，鲜卑族在牛川（今内蒙古锡拉木林河）召开部落大会，拓跋珪得到了以贺兰部为首的各部落支持，正式即王位，恢复代国，年号"登国"。同年四月，改国号为魏，史称北魏。

慕容垂扶植下的崛起

北魏建立时，四周强敌环伺，阴山以北有强大的柔然部和高车部，西边河套一带盘踞着劲敌匈奴，太行山以东是慕容垂建

大鲜卑山嘎仙洞

嘎仙洞为天然大型山洞，离地面25米。洞口向西南，略呈三角形。1980年7月，考古工作者在洞内发现了北魏太武帝拓跋焘于太平真君四年（443年）派遣中书侍郎李敞祭祖时所刻的祝文。祝文刻在距洞口很近的西侧石壁上，共19行201字。字体古拙，介于隶楷之间。这一重大发现，证明了嘎仙洞就是《魏书》中提到的拓跋鲜卑的祖庙石室。

立的后燕，以西则是慕容永统治的西燕。拓跋珪在长城以北刚刚立足，根基不稳，所以在外交战略上选择了与同一年建立的后燕友好往来。

叔父拓跋窟咄为了与侄子争夺王位，竟与刘显勾结，率领大军前来进攻拓跋珪。亲信于桓等人也暗中策划活捉

南北朝·鲜卑族铜瑞兽带扣

鲜卑人的图腾是一种瑞兽，鲜卑人称其为鲜卑兽。传说中的鲜卑瑞兽状如虎而五爪，文如狸而色青，类马似牛，吻上生角，背上长翼，大如狗而迅走。

北朝·金鹿角饰件
这是鲜卑族上层贵族的冠饰,名"步摇",兽形饰有辟邪和祥瑞之意。饰件竖立冠上,行走时叶片摇曳,映衬出主人的高贵仪态。

拓跋珪献给拓跋窟咄的行动；当初支持拓跋珪即位的重要成员莫题也暗中向拓跋窟咄表达效忠之意；普洛等人干脆选择了临阵脱逃，舅舅贺染干也趁火打劫，不断出兵骚扰。拓跋珪杀死了于桓等五人，赦免莫题等七姓部族，同时凭借阴山的天然屏障布置防守，派人向后燕求援。

慕容垂收到援助请求后仔细斟酌：如果此时支持实力较弱的拓跋珪，一来可以阻止西燕慕容永的势力向东发展，有利于保障后燕的安全；二来可以加剧长城以北的混乱局势，群雄割据就不会对自己形成威胁。慕容垂最终决定派儿子慕容麟率领后燕军队前往援助。

当拓跋窟咄逼近时，燕军尚未抵达，慕容麟让北魏派来的使者先回去报告消息，让北魏上下知道援军已在附近，从而稳定人心，然后迅速赶到与拓跋珪会合，在高柳取得大捷。拓跋窟咄带着残兵败将依附铁弗部首领刘卫辰，结果被杀。

第二年，拓跋珪又与后燕联手击败刘显，逼其投奔西燕。登国五年（390年），拓跋珪西征高车部，俘获人口与牲畜20多万。不久又联同慕容麟的燕军进攻纥突邻部、纥奚部，逐步将周围的势力全部吞并，国力日益强盛。

魏燕大战

登国六年（391年），拓跋珪派弟弟拓跋觚向后燕进贡，慕容氏知道北魏盛产骏马，就强行扣留拓跋觚当人质，要求北魏用大量良马交换。拓跋珪坚决拒绝，两国关系从此僵化。北魏转而联

椅子的出现

魏晋以前，中原人家的室内没有椅子，只有席子，因此登门拜访只能"席地而坐"。人们在会客的大部分时间都会保持两膝并紧跪地、臀部落在脚后跟上的姿势，身体稍微靠后一些，以示恭敬谦逊。

最正式的姿势称为"跽"，要求两膝保持不变，臀部离开脚跟，上身挺直。胡床的传入解决了汉人长期"坐"着不舒服的难题。

胡床也称"交床""交椅""绳床"，是古代一种可以折叠的轻便坐具，与马扎功能类似。胡床因为方便携带和存放，在中原地区迅速推广，中原人席地而坐的习惯也因此改变，宋时在胡床上增加了靠背和扶手。

到了元、明、清几代，皇室贵族或官绅大户在外出巡视、游玩时都会带着这种椅子，交椅慢慢成为身份的象征，在等级森严的社会里，交椅不是任何人都能坐的，于是"第一把交椅"成了等第次序居首位的象征。

络西燕，共同对付后燕。

登国九年（394年），西燕遭到慕容垂大举进攻，皇帝慕容永在都城长子即将被围之际向北魏求援。还没等援军赶到，长子城宣告失陷，慕容永被杀，西燕宣告灭亡。这样，华北大地上就只剩下北魏与后燕两国，形成对峙局面。

次年，后燕挟连胜之势，以太子慕容宝为主帅，领兵8万出征，欲以武力一举吞并北魏。拓跋珪主动后退避其锋芒，同时派兵堵截燕军与后燕都城中山（今河北定州）之间的道路，将对方往来传递信息的使者全部抓获。

慕容宝在出发前已经知道父皇慕容垂患病，但通信中断导致他几个月内都无法获悉国内的消息。拓跋珪充分利用这一点，押着所有燕国信使朝着慕容宝阵营使劲大喊："慕容垂已经死了，你还不早点回去争夺皇位！"燕军一时间人心惶惶。

后秦国君姚兴派来的援军也恰好在这时到达，魏军士气更加高涨。燕军迟疑不决，始终不敢渡过黄河攻击。两军从九月对峙至十月，慕容宝、慕容麟两兄弟为了争夺皇位而相互猜忌，最终选择撤军回国。

拓跋珪在河面结冰后下令两万多名精锐骑兵渡河追击，在参合陂对燕军发动突袭。燕军在慌乱中争相溃逃，相互践踏及被河水淹死的人数以万计，另有四五万人束手就擒，唯独慕容宝单人匹马逃出。拓跋珪下令除了留下后燕将士中一些有用的人才以外，其余全部活埋。

参合陂之战是十六国时期的一次著名战役，显示了拓跋珪杰出的军事才能。魏燕两国力量对比从此发生转变，北魏势力得以进入中原地区。

登国十一年（396年）三月，慕容垂为了一雪前耻，亲自率军伐魏，一度攻陷平城，给北魏造成极大震动，甚至连拓跋珪本人都有些惊慌失措。慕容垂路过参合陂时，看到那里依然遗留着堆积如山的燕军尸骸，下令祭奠死者，士兵们放声恸哭，哭声震天。既伤心又愤怒的慕容垂吐血发病，只好班师回朝，在回国途中去世。

慕容宝即位后，后燕陷入内乱，拓跋珪趁机大举反攻，经过一年零五个月的连续作战，北魏终于彻底击败强大的后燕，将黄河以北的广大地区归入北魏版图，成为北方最强大的国家。

皇始三年（398年），拓跋珪迁都平城（今山西大同），正式称帝。晚年的拓跋珪因经常服用寒食散，变得越发猜忌多疑，稍有不满便滥杀无辜，最终被刺死。拓跋珪虽死，北魏却在历代君主的治理下日益发展强大起来，推动历史进入南北朝时期。

北朝·骆驼胡商俑
早在建都平城之前，鲜卑族就已与丝绸之路上的国家有所接触。平城建都后，北魏派出使节远赴西域，西域人也成批东赴平城，使得平城成为该时期唯一的丝绸之路东端。被称为"沙漠之舟"的骆驼，是古代商贸不可缺少的重要工具。此件骆驼俑前卧，背上有毡垫，驼峰两侧有夹板，驼峰之间横置一个长形袋子，其两侧横置丝麻状物。这是行走在丝路上的胡商用于休息的"穹庐毡帐"。

131

> 420年

上清简寡欲，严整有法度，未尝视珠玉舆马之饰，后庭无纨绮丝竹之音。宁州尝献虎魄枕，光色甚丽。时将北征，以虎魄治金创，上大悦，命捣碎分付诸将。

——《宋书·本纪第三》

刘裕建宋

铁骑冲锋向来是游牧民族的王牌，以步兵为主的汉族军队即使依靠人海战术也很难克敌制胜。然而就在东晋义熙十三年（417年），刘裕以2000余名步兵为主力大破北魏3万精锐骑兵，使"却月阵"威名远扬，成为"以步制骑"的代名词。

出身

西汉楚元王刘交之后

时间

420年

建立政权

刘宋

主要事迹

平定桓玄之乱；
两度北伐，收复洛阳、长安；
代晋自立，建立刘宋；
抑制门阀士族，重用寒门子弟；
开拓江南六朝最辽阔的版图

空前绝后却月阵

义熙十三年（417年），刘裕打算率军从黄河逆流而上攻打后秦，事先派人向北魏请求借路而过。但北魏明元帝担心刘裕以借道为名北上攻魏，所以派10万大军屯驻黄河北岸，监视晋军的一举一动。刘裕借路失败，仍按原计划行军。黄河北岸的魏军见状，以数千骑兵不断尾随骚扰，迟滞晋军的行动。在南岸拉纤的晋军士兵一旦被激流冲到北岸，就会被魏军杀死，可当刘裕一派军登上北岸追击，魏军就立即退走，等晋军撤回后又卷土重来，晋军不胜其烦。

为了加快进军速度，彻底摆脱魏军的骚扰，刘裕决定予以有力回击。他在仔细勘察地形后选定一处两面环水、便于防御的绝佳地点，然后派丁旿率

刘裕像

刘裕（363年—422年），字德舆，小名寄奴，生于今江苏镇江。南朝刘宋开国皇帝。执政期间，抑制豪强兼并土地，整顿吏治，重用寒门，发展生产，轻徭薄赋，废除苛法，终结了门阀专政的时代，奠定了南朝"寒人掌机要"的政治格局。被李贽誉为"定乱代兴之君"，也被称为"南朝第一帝"。

700人及100乘战车抢渡北岸，在距离河岸一百余步的地方迅速布下弧形防御阵型，形似一弯新月，故称"却月阵"。

魏军见对方只有寥寥几百人，不知其意图何在，所以产生了迟疑。刘裕立即抓住一纵即逝的战机，命朱超石率2000士兵携带百副大弩上岸接应丁旿，每辆战车顿时增加了20名守卫，车辕上也架设起了坚固的盾牌，保护战车不受敌军骑兵的冲锋破坏。

南北朝·飞马金牌饰

魏军这才回过神来，3万骑兵一齐对晋军展开围攻。朱超石命令士卒用大弩一阵猛射，对高速冲击的敌军造成重大杀伤力。但魏军兵源充足，随着双方距离的缩短，晋军弓弩逐渐失去作用。这时，随军携带的千余根三四尺长的槊借助大锤锤击的力量纷纷发射，一根槊往往能洞穿三四名魏军。

从物理学角度看，弧形却月阵迎击面很小，可以将受力点的力大幅度分散，有着良好的抗冲击能力；将弩、槊等武器有机结合起来，可以形成巨大杀伤力；同时，士兵背水而战也可以起到"置之死地而后生"的效果。这样，魏军越是向前，伤亡也就越大，逐渐抵挡不住而溃退。刘裕立即命令徐猗之率5000士卒在水师舰船的运载下加速渡河增援，登岸后再以为数不多的骑兵发起追击，以期扩大战果。

在整个作战过程中，战略和战术部署周密，利用地形优势弥补步兵的短处，步兵、水军、骑兵各兵种协同作战，使一向耀武扬威、无往不胜的铁骑无机可乘、最终落败，堪称战术史上的奇迹，充分显示了刘裕卓越的军事才能。

这场战役的胜利使北魏明元帝从中吸取教训，听从谋臣崔浩的建议，不再与晋军为敌，刘裕于是沿黄河顺利西进，相继收复洛阳和长安，最终灭了后秦。

南朝·青瓷莲花灯檠
此件为青瓷灯檠，在圆盘上树立一个多角形柱，柱顶有双环，用以插蜡烛。柱的下端塑莲花两朵，造型美观别致。

平南伐北立功业

刘裕是平定桓玄之乱的主要功臣，他将之前被挟持到江陵的晋安帝迎回都城建康后，很快就返回了自己负责镇守的丹徒（今江苏镇江）。

义熙元年（405年），刘裕派遣使者到后秦交涉，要求后秦归还之前侵占的南乡、顺阳、新野等淮北地区。后秦皇帝姚兴鉴于西线战事吃紧，又不想在东面与刘裕为敌，于是痛快地答应。

当时群臣反对，姚兴解释说："刘裕从地位最卑贱的社会底层发迹，能够诛杀实力强大的桓玄、重新振兴东晋皇室，我怎么能因为吝惜几个郡县的地盘，就不成人之美呢？"于是东晋兵不血刃收回淮北十二郡，刘裕因功受封为豫章郡公，不久入朝供职，掌握了朝政大权。

自桓玄作乱以来，南方形成了许多割据势力，刘裕先后率军平定：义熙七年（411年）击败卢循，收复岭南；次年攻破江陵，消灭割据者刘毅；随后杀谯纵、灭西蜀，重新将巴蜀地区纳入东晋版图；乘胜反攻盘踞汉中的仇池，迫使其投降称臣；义熙十一年（415年）征讨司马休之，攻克江陵，直捣襄阳，吞并荆、扬二州。至此，南方也重新归于一统。

义熙五年（409年）兴师北上，刘裕攻灭南燕；义熙十二年（416年）趁后秦君主姚兴过世，内乱迭起，刘裕指挥四路大军北伐，次年灭亡后秦。经过两次北伐，潼关以东、黄河以南、淮水以北以及汉水上游的大片地区都归属东晋，成为南朝疆域最为辽阔的时期。

刘裕凭借显赫的战功，于义熙十四年（418年），被册封为宋公，加九锡之礼。同年，晋安帝逝世。刘裕立司马德文为帝，两年后代晋称帝，改国号为"宋"，年号"永初"，南朝的历史正式开始了。

梅花妆的来历

梅花妆又称落梅妆，指女子在额上贴一梅花形妆饰，是南北朝开始流行的一种妇女妆容。

据《太平御览》记载，南朝宋武帝刘裕的女儿寿阳公主，在某一年的正月初七仰卧于含章殿下，殿前的梅树上落下了一朵梅花，凑巧落在了公主的额上，留下了五个花瓣的印记。宫中女子看到后，觉得公主更加动人了，纷纷效仿，于是就催生出一种新的妆容，当时被称"梅花妆"。

后来，这种装扮传到民间，成为全国女子都争相效仿的时尚妆容，一直流行到唐和五代。

南朝宋·金铜佛造像
南朝刘宋一代，朝野对佛教颇为重视，当时的佛教造像以金铜质地为多。主要供奉于佛寺或宫中，包括佛、弟子、菩萨、天王、力士、诸天等形象。

宋高祖留衲戒奢

出自明朝16世纪《帝鉴图说》。高祖刘裕起初微贱,其家甚贫,常亲自在新洲上砍斫芦荻,那时穿一件碎补的衲袄,是其妻臧氏亲手缝成的。等刘裕登了帝位,想到自己平生受了许多艰苦,创下基业,恐子孙不知,不能保守,乃将这件衲袄付与他的长女会稽公主收藏,留于后世子孙看。

着力改革促盛世

东晋建立以来，从中央到地方的大权就一直掌握在王、谢、庾、桓四大士族手中，选拔官吏也主要依据门第和声望，许多官吏都无才无德、玩忽职守。刘裕有意重用出身卑微的寒门子弟，如刘穆之、檀道济、王镇恶、赵伦之等。对于地方选拔推荐的人才，专门组织考试进行测评，发现弄虚作假一律严格追查，尽力保证人才选拔的公正。

鉴于荆州等地常常上演割据一方、起兵作乱的悲剧，刘裕下令裁撤、合并荆州辖区，限制其文武官员的名额，对其他州郡也同样做出限定。为了防止武将拥兵自重，他做出特别规定：日后大臣外出需要防卫或者出兵讨伐，一律由朝廷配给军队，事情完结后，军队必须如数交回朝廷。

刘裕实行的一项重大经济改革是实行土断。中心内容是重新调整和划定州、郡、县的行政区域，整理居民户籍，不分世代居住还是迁徙侨居，人口一律按实际居住地编入国家正式户籍，以便统一管理。与此同时，全面清查逃亡、隐匿人口，把豪强地主的私属人口全部登记备案。土断增加了政府的财政收入和兵力来源，同时使北方南渡的侨民正式成为南方人，加速了南北方人民的交流与融合。

魏晋以来，上至皇室、官府，下到富商大户无不崇尚奢华。刘裕出身贫寒，深知耕种的艰辛，后来虽贵为帝王，但日常生活清心寡欲，在服饰、饮食、娱乐方面都十分注意节制。他平时穿着十分普通，身上是朴素的衣帽，脚上是普通的木屐，宫殿里用的屏风和灯笼都是土布制成的。为了告诫后世子孙勤俭节约，还特意在宫殿里悬挂了自己年少时用过的农具、多次缝补的破棉袄。宁州进献了罕见的琥珀枕，刘裕听说琥珀有助于医治刀剑创伤，毫不吝惜地令人将其捣碎分发给广大将士。

永初三年（422年），计划当年出征北魏的刘裕患病去世，享年60岁，北伐因此取消。宜都王刘义隆即位后继续执行父亲生前制定的国策，励精图治，终于出现了"元嘉之治"，这是个在分裂时期殊为难得的盛世。

永遇乐·京口北固亭怀古

千古江山，英雄无觅孙仲谋处。舞榭歌台，风流总被雨打风吹去。斜阳草树，寻常巷陌，人道寄奴曾住。想当年，金戈铁马，气吞万里如虎。

元嘉草草，封狼居胥，赢得仓皇北顾。四十三年，望中犹记，烽火扬州路。可堪回首，佛狸祠下，一片神鸦社鼓。凭谁问：廉颇老矣，尚能饭否？

——南宋·辛弃疾

▶424年

三年春正月丙寅，司徒、录尚书事、扬州刺史徐羡之，尚书令、护军将军、左光禄大夫傅亮，有罪伏诛。遣中领军到彦之、征北将军檀道济讨荆州刺史谢晦。

——《宋书·本纪第五》

元嘉之政

景平二年（424年）五月的一天，穿着汗衫短裤的宋少帝刘义符在皇家华林园的店铺里亲自做起了生意，和太监宫女们讨价还价，忙得不亦乐乎。傍晚又乘龙舟到天渊池划船游玩，喝酒尽兴之后，这才回宫酣然入睡。殊不知，自己的皇帝生涯行将结束。

登基时间
424年

年号
元嘉

主要经历
锐意改革，形成元嘉之治；
诛杀辅政大臣徐羡之、傅亮、谢晦；
刘义康矫诏杀害名将檀道济；
杀彭城王刘义康及其拥戴者刘湛；
两次大规模北伐均以惨败告终

人生结局
宋文帝被长子刘劭弑杀

元嘉之治

永初三年（422年），宋武帝刘裕驾崩后，时年17岁的刘义符继位，但因长期缺乏管束，青春年少的他只知玩耍嬉戏，辅政大臣徐羡之、傅亮、谢晦等人实在觉得愧对先帝临终前的托付，因而秘密商定废黜少帝，更换合适的人选来当皇帝。

景平二年（424年）五月的一天凌晨，南朝名将檀道济引兵开路，徐羡之等文武大臣跟随其后，从云龙门入宫，将尚未睡醒的刘义符扶出东阁，收缴玉玺，以太后的名义将其降为营阳王。随后前往江陵，迎立当时担任荆州刺史的宜都王刘义隆回到建康登基，即为宋文帝，改年号为"元嘉"。

刘义隆
刘义隆（407年—453年），小字车儿，宋武帝刘裕的第三子，刘宋第三任皇帝。宋少帝被废后获拥立为帝，即位后改元元嘉。在位期间，建立制度、赏罚分明、鼓励农桑，减免赋税力役，使得国家大治。刘义隆亦锐意北伐，曾先后三次发起大规模北伐战争，意图收复北魏所占的河南土地，然而三次皆失败，这些战争对刘宋经济民生造成了严重打击。

文帝在位期间继续执行武帝刘裕的治国方略。政治上大力整顿吏治，设立御史中丞专道制度，提高御史中丞的权力和地位，令其专门负责监察百官，打击贪污腐败等违法乱纪行为。在行政区划上大量裁撤、合并州郡，重点削弱实力强大的荆、扬二州，防止地方叛乱。在地方官员的设置上，取消郡县长官的入仕年限并缩短其任期，以避免一些官员在长期经营某地后割据一方。在经济上，进一步清查户籍，多次下令劝课农桑、奖励垦荒，采取减免赋税等一系列减轻农民负担的政策，于元嘉十七年（440年）、二十一年（444年）两次下令减轻甚至免除农民历年积欠政府的债务，使百姓休养生息，专心发展生产，南方经济日益繁荣。

文帝在位前期，对外战争较少，社会相对稳定，促成了文化领域的辉煌成就。"元嘉文学"是文学史上值得大

南北朝·千秋万岁画像砖
砖呈长方形，边框为凸线，外沿饰莲花、忍冬纹样图案。画像左为"人头鸟身"图像，右为"兽头鸟身"图像。一对翩翩起舞的鸟神，相向而对，展翅扬尾，两翼合仰，彩绘绚丽，姿态灵动，栩栩如生。人头鸟为女相人面，头饰帽缨高耸，面圆目秀，鸟身前倾，尾左角榜铭"千秋"二字。兽头鸟则耳耸目睁，引颈昂首啼鸣，尾右角榜题"万岁"二字。

祖冲之像
祖冲之（429年—500年），字文远，祖籍河北涞源县，中国南北朝时期杰出的数学家和天文学家。在数学方面的主要贡献是：算出圆周率π的真值在两个近似值之间，和儿子圆满解决了球体积的计算问题，发现了"祖氏公理"；著《缀术》一书，惜已失传。创制了《大明历》，曾经设计制造过水碓磨、铜制机件转动的指南车、"千里船"等陆上运输工具。他还设计并制成了计时器——漏壶和巧妙的欹器。

书特书的时代，谢灵运、刘义庆、鲍照、陶渊明等群星闪耀；政府设置太医博士、太医助教等官员，专门负责医学教育，使医学成为一门独立的学科；将圆周率推演到小数点后7位，领先欧洲1000年之久的著名数学家祖冲之也生活在这一时代。

刘宋政权成为整个魏晋南北朝时期江南国力最为强盛的时期，史称"元嘉之治"。

封狼居胥的妄想

看到国力蒸蒸日上，宋文帝希望能像父亲一样横扫北方，建立不世功

勋。这时，积极出谋献策但只擅长纸上谈兵的王玄谟的北伐计划激起了文帝心底的豪情，他兴奋地说道："听了爱卿的陈说，不禁让人有了封狼居胥的雄心啊！"

宋文帝先后于元嘉七年（430年）和元嘉二十七年（450年）大举北伐。两次都是趁春夏雨季北进，迅速攻入河南，然后沿黄河一线派兵守卫。但等到秋高马肥时，北魏铁骑南下反攻，刘宋的防线便很快崩溃，两次北伐均以失败告终。

特别是元嘉二十七年（450年）的这次北伐，不仅一败涂地，还招致北魏太武帝调动60万大军反击。魏军相继攻克悬瓠（今河南汝南）、项城（今河南沈丘），渡过淮河直趋长江北岸的瓜步（今江苏六合），与建康隔江相望。要不是魏军没有足够的渡江船只，北方士卒因为不适应南方气候而纷纷染病，最终被迫撤军，刘宋几乎遭遇亡国之祸。按理说，

北魏·彩绘陶骑马俑

马站立在长方形底板上，鬃头，背有鞍具和障泥，尾套鞦系。马背上骑一俑，头戴笼冠，身穿红色右衽宽袖短袍，腰系带，下着缚袴。右手持鼓，左手隐于袖中。北魏时期，陶塑艺术较以前有明显进步，对各类人物俑的刻画细腻入微，形态写实，造型生动，颇富时代特色。

元嘉之治下社会全面繁荣，不应该单单缺了军事领域的杰出人才，像檀道济、沈庆之、宗悫，均是横槊跃马的一代名将，为何就无力抵挡北魏铁骑的汹汹之势呢？

其实当宋文帝登上石头城向北眺望，看到长江北岸瓜步山上绵延不绝的烽火时，也曾有过后悔莫及的一声长叹："要是檀道济还在世的话，朕怎么会沦落到今天这个地步！"

猜忌残杀，自毁长城

元嘉七年（430年），宋军前锋到彦之进军河南，相继收复洛阳、虎牢等地，但很快遭到北魏反击，刚占领不久的城池又纷纷失守，前线部队一片混乱。檀道济奉命率师救援，在寿张（今山东东平）大破魏军，前后20余日连战30余次，多数取胜，进抵历城（今山东济南）。经此一战，檀道济威名远播，甚至被魏军所敬畏。

后来粮草吃紧，宋军不得不做撤退的打算。这时军中有士兵逃到魏营投降，透露了这个情况。敌军于是派出重兵追赶，试图将宋军

南北朝·玉透雕龙纹鲜卑头

这是一件衮服上的玉带头,即带扣。此鲜卑头呈长方形,透雕蟠曲的龙,细线阴刻鳞纹、网纹,龙体上的小孔原是镶嵌宝石的,背面刻有两行铭文,从中可知是南朝宋文帝的御用之物。玉质为羊脂白,玉晶莹光润,又有铭刻,是传世品中仅见的孤品。

一举歼灭。得知大批敌军尾随,檀道济命令全体将士就地安营扎寨休息。当天晚上,他亲自带领一批掌管粮草的军士在营寨里清点库存。一些兵士用斗子不停地量米,另一些兵士则手拿竹筹大声吆喝着计数。

刺探军情的魏军见一只只布袋里装的都是满满的大米,立即回去报告。魏军主将由此断定,前来告密的宋兵是试图诱骗他们上当追击,故而下令将其处死,随即退兵。其实檀道济量的并不是白米,而是一斗斗的沙土,只是在上面覆盖少量白米罢了。宋军借助"唱筹量沙"之计安全退回了南方。

檀道济因屡建大功,被封为司空,出镇寻阳。元嘉十三年(436年),刘义隆生了重病,执政的彭城王刘义康担心檀道济在皇帝死后难以控制,命令檀道济入朝觐见。檀道济临行前,妻子曾加以劝阻,但檀道济没有听从。结果一到建康就被逮捕。最终,檀道济与11个同样有着军事才能的儿子全部被处死,受牵连的还有薛彤、高进之等被人比作张飞、关羽的亲信将领。消息传出后,北魏君臣尽欢。

尽管檀道济是被刘义康所杀,宋文帝的疑心病也有过之而无不及。他视兄弟如豺狼,视大臣如仇敌,对拥护自己登基的辅政大臣徐羡之、傅亮、谢晦毫无情义,全部加以杀害。北魏兵临长江期间,由于害怕彭城王刘义康在后方趁机作乱,干脆下令将这个同父异母的兄弟诛杀。最终,失去人心的宋文帝被长子刘劭联合大将萧斌弑杀,刘宋的国运也开始走下坡路了。

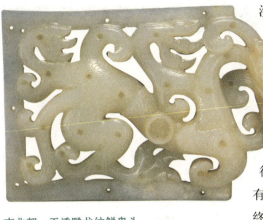

檀道济像

檀道济(?—436年),祖籍高平郡金乡县(今山东金乡),南朝宋时名将。东晋末年及南朝宋初年将领,曾参与讨伐卢循、灭后秦及元嘉北伐等战役,是刘宋开国元勋,又屡立功勋,最终引来宰相刘义康与宋文帝的猜忌,被两人下令诛杀。

> 423年—452年

癸未，车驾临江。起行宫于瓜步山。永昌王仁自历阳至于江西，高凉王那自山阳至于广陵，诸军皆同日临江，所过城邑，莫不望尘奔溃，其降者不可胜数。

——《魏书·帝纪第四》

雄才大略拓跋焘

天赐五年（408年），拓跋焘在平城（今山西大同）东宫呱呱坠地。祖父拓跋珪见他的体态容貌与常人大不相同，十分惊奇，高兴地说："将来能够完成我的事业的，必定是这个孩子啊。"

出身

鲜卑族

主要功绩

攻灭胡夏、北燕、北凉，统一北方；
多次抗击柔然，稳定边境；
击败刘宋北伐，饮马长江

重要事件

太武灭佛

人生结局

被宦官宗爱密谋杀害

称霸北方

泰常八年（423年），明元帝去世，太武帝拓跋焘继位，成为北魏第三位皇帝。

拓跋焘从小就展现出过人的军事天赋，12岁时远赴河套抗击北方强敌柔然，将边防事务处理得井井有条。每次作战中，他决策果断，部署周密，经常采用分兵数路同时开进、轻骑兵长途奔袭、诱敌出城后设伏围歼等灵活战术，因而屡屡获胜。

登基以后，太武帝重用汉族大臣崔浩等人才，整顿吏治，严格治军，国力日益增强，为消灭北方割据政权奠定了坚实的基础。

拓跋焘像

现代刘大为绘。魏太武帝拓跋焘（408年—452年），雄才大略，聪明雄断。在位期间，借二世之资，奋征伐之气，遂戎轩四出，周旋险夷。扫统万，平秦陇，翦辽海，荡河源，南夷荷担，北蠕削迹，廓定四表，一举统一了中国北方，使西晋末年以来北方地区的割据混乱局面得以结束，为北方社会经济文化的恢复和发展提供了有利条件，也是大魏武功鼎盛的时期。其卓越的军事才能，在中国历史上也极为罕见。此外，他广泛搜罗汉族士人，整肃吏治，修定律令，督课农桑，崇尚儒学，推动了北魏的封建化进程。

南北朝

始光三年（426年），拓跋焘听说胡夏的立国者赫连勃勃病死，几个儿子为了争夺王位拼得你死我活，决定大举征伐，魏军很快顺利攻克蒲坂和长安。第二年正月，胡夏君主赫连昌命令弟弟赫连定率军2万收复长安。太武帝一看对方主力出动，突发奇想，决定留下所有步兵，亲率轻装骑兵长途奔袭夏国首都统万城。

所有大臣都认为步兵作为攻坚主力，攻击时不可舍弃。太武帝力排众议："倘若我们倾巢出动，敌军必定因为心生畏惧而选择龟缩在城内坚守，那样就会陷入持久攻坚的不利局面。不如以骑兵直抵城下，敌方见步兵和攻城器械并未一同前来，必定骄傲轻敌，我再想方设法引诱他们出城决战。我方军士距离后方有2000余里，又隔着黄河天险，没有回头路，只能一心向前，这正是'置之死地而后生'的策略啊。"

当3万轻骑抵达统万城（今陕西靖边）下时，不由得对眼前这座坚不可摧的城池另眼相看——该城根据"一统天下，君临万邦"的含义而命名，始建于东晋义熙九年（413年），赫连勃勃动用了10万劳力、历时7年才得以完工，城高约8丈，基厚30步，墙体宽10步。筑城的泥土全部用高温蒸过，质量检测时要求用锋利的铁锥猛力刺进城墙，深度不得超过半寸，如果刺进去超过一寸，负责修筑这段城墙的人都得丧命；要是刺不进去，拿锥测试的兵士也会当场被杀。

拓跋焘并不急于攻城，而是派3000骑兵前去城下挑战，主力则埋伏在外围。无奈赫连昌吸取了上次被引诱出城以致惨败的教训，任凭魏军如何挑衅谩骂，始终坚守不出。后来魏军假装粮草耗尽支持不下去，以退兵的迹象陆续向北魏地界撤退。赫连昌终于头脑发热，轻率地带3万骑兵出城追击。拓跋焘等的就是这个机会，但也并没心急，命令负责诱敌的骑兵拖住敌军行进一段时间，使其人困马乏

崔浩像

崔浩（？—450年），字伯渊，清河郡东武城（今山东武城）人。作为统一战争的谋主，崔浩参与了北魏王朝三代帝王的重大军事决策，多谋善断，算无遗策，屡建功勋，在北魏统一中国北方的一系列战争中起了重要作用。除军事和政治上的成就外，崔浩在天文、历法、法律、饮食、宗教等方面都做出过重要贡献。因修"国史"不避忌讳得罪了太武帝，被灭九族。

北魏·陶马头

马首微垂，双目圆睁，鼻翕开合，张嘴露舌，似乎正在聆听主人的号令。

之后，这才让主力一拥而上将夏军团团包围。

在此紧要关头，偏偏天公不作美，沙尘暴突然来袭，一时间天昏地暗，魏军又不幸正面迎着风沙，眼睛都很难睁开。有人打起了退堂鼓，劝太武帝鸣金收兵，先躲避一下风沙。

这时崔浩挺身而出，大声叱责说："这是什么话！我们千辛万苦长途跋涉而来，怎么可以因为一点风沙就放弃歼敌制胜的良机呢？现在敌军好不容易脱离城池，与后方断绝，我方正应化不利为有利，利用昏暗的天气绕到对方身后隐蔽出击。机不可失，时不再来啊。"

拓跋焘认为有道理，于是重新部署，全力反攻。他顶着风沙，强忍饥渴，曾因马蹶而坠地，但上马后立即继续战斗，亲手斩杀夏将十余人。后不幸身中箭伤，也依然身先士卒，奋力冲锋。魏军见到皇帝如此拼命，无不奋勇杀敌。夏军终于撑不住而崩溃，赫连昌只身一人逃亡上邽（今甘肃天水）。

此时，倾巢而出的统万城已是一座空城。魏军立刻攻入，俘获王公大臣数万人，战马30万匹，牛羊不计其数。统万城之战是一场纯粹以骑兵攻城拔寨的典型战例，也是拓跋焘军事生涯浓墨重彩的一笔。

太武帝一向勤俭治国，当他见到夏国富丽堂皇的皇宫时，忍不住大怒：

统万城遗址

位于陕西榆林靖边红墩界乡白城子村，因其城墙为白色，当地人称白城子。又因系赫连勃勃所建，故又称赫连城。是东晋时南匈奴贵族赫连勃勃建立的大夏国都城遗址，也是匈奴族在人类历史长河中留下的唯一一座都城遗址，是中国北方较早的都城，已有近1600年历史。

"一个巴掌大的国家,竟敢如此滥用民力!如此奢华!怎能不灭亡!"后来有大臣建议加固京师的城防,拓跋焘不以为然:"古人说'在德不在险',赫连勃勃建造了那么坚固的统万城,最后不还一样被朕攻灭。如今天下还未平定,朕更需要的是上阵打仗的子弟,而不是浪费人力去建造岿然不动的城墙。"

太延二年(436年),魏军攻克北燕国都和龙(今辽宁朝阳),北燕灭亡。三年后,拓跋焘亲征北凉,兵不血刃降服其国君沮渠牧犍,北凉灭亡。这样,除柔然、吐谷浑以外,北方又统一归于北魏的统治之下。

太武灭佛

中国历史上发生过"三武一宗"共计四次毁寺灭佛的事件,其中第一次就是北魏太武帝灭佛。

拓跋焘在继位之初是信奉佛教的,他本人还常与和尚谈经论道。但当时北魏实行"全民皆兵"的政策,而佛教势力发展过于迅猛,僧侣数量惊人,沙门历来又享有免除租税、徭役的特权,因此挤占了战争所需的人力资源。

太延四年(438年),为了解决第二年即将讨伐北凉所需的兵源问题,拓跋焘下诏,要求50岁以下的沙门一律还俗服兵役。

当时宰相崔浩信奉寇谦之的天师道,拓跋焘在崔浩影响下于平城东南建立天师道场,兴建静轮天宫,奉祀太平真君,甚至索性将年号也改为太平真君,成了十足的道教徒,他对佛教的态度也越来越强硬。

太平真君五年(444年),拓跋焘下令禁止私养沙门,若有隐瞒,诛灭全族。

第二年,胡人盖吴在杏城(今陕西黄陵)发动起

北魏·彩绘陶俑
此俑小颐秀颈,眉目开朗,体态修长。与汉俑奔放自如的浪漫气息相比,北魏陶俑更倾向于人物形象的如实描写,体现了"魏晋风度"的时代特征。

北魏·铜鎏金弥勒佛造像

铜铸鎏金，弥勒为立像，头上为发髻，面容清秀，庄重文静。右手上举施无畏印，左手下垂施与愿印。身着僧祇支，衣纹舒展流畅，流露出"秀骨清像"之飘逸感。分持乐器翩翩起舞的八尊飞天环绕在舟形背光二侧，形态各异，优美华丽。法座下方中央是一尊大力士正在奋力托起一博山香炉，法座二侧侍立有二菩萨，形成了"弥勒三尊"之经典佛像。

义，拓跋焘亲自率兵前去镇压。到达长安时发现了一所私藏兵器的寺院，据此怀疑沙门与盖吴秘密勾结，图谋造反，愤怒之下诛杀全寺僧众。崔浩趁机劝皇帝在全国范围内消灭佛教势力，更加苛刻的政策相继出台：拓跋焘宣布佛教为邪教，下令焚毁一切佛像和佛经，所有和尚、尼姑无论老幼一律坑杀。

幸亏以太子拓跋晃为首的北魏贵族中有不少人信奉佛教，他们暗中保护僧人逃亡。拓跋晃的再三劝阻，虽然不被采纳，但也延缓了废佛诏书的颁布，实际执行中当事人也有意拖延时间，使远近的沙门闻讯后有机会逃逸或藏匿。但寺院、塔庙却无法幸免，佛教还是遭到了沉重的打击。

灭佛六年后，拓跋焘驾崩，文成帝即位后又下诏复兴佛教。

佛狸行宫

元嘉二十七年（450年），宋文帝刘义隆的北伐一败涂地，拓跋焘乘势调动60万大军展开反击，相继攻克悬瓠（今河南汝南）、项城（今河南沈丘），渡过淮河直趋长江北岸的瓜步（今江苏六合），饮马长江。隔江相望的建康极为恐慌，北魏的强势一时间显露无遗。春风得意的拓跋焘曾在瓜步山上修建起一座行宫，大宴将领，论功行赏。这座北魏皇帝的行宫在魏军撤离后被当地百姓当作供奉神祇的庙宇，取名"佛狸祠"。

不可否认的是，这次南征到此止步不前，在回师途中，以盱眙之战为代表的南朝军民的英勇抗争给他造成了一生都难以抚平的耻辱和伤痛。

大破柔然

柔然在北魏建立之初就是其面临的强大外敌。始光元年（424年），拓跋焘即位不久，柔然可汗牟汗纥升盖大檀率6万骑兵进犯云中（今内蒙古和林格尔），拓跋焘亲自前往迎战，结果被柔然大军重重包围，但他不为所动，沉着冷静，指挥自如，这才稳定了军心。而后魏军射杀敌军大将於陟斤，柔然才被迫撤退。在位25年间，拓跋焘先后13次率军进攻柔然，终于使其不断北撤，再也不敢南下侵扰。

北燕龙城遗址
历代帝王都自命为真龙天子，黑白二龙现身龙城，正预示着慕容皝也是受命于天，于是慕容皝在龙山建造龙翔佛寺，把新建的宫殿命名为和龙宫。而龙城作为东晋十六国时期，前燕、后燕、北燕的都城和陪都长达百年之久。

479年

太祖威名既重，苍梧王深相猜忌，几加大祸。陈太妃骂之曰："萧道成有功于国，今若害之，后谁复为汝著力者？"乃止。

——《南齐书·本纪第一》

萧道成篡位建齐

以杀人为乐，视人命如草芥，却被走投无路的部下挥刀斩杀，这是自取灭亡的刘昱；并未犯下什么过错，却要替荒唐误国的父祖辈吞下亡国的苦果，这是再也不愿生在帝王家的刘准；功高震主，索性创建新的王朝，这是齐高帝萧道成。

时间
479年

出身
西汉萧何二十四世孙

主要经历
身为刘宋将军，立下许多战功；
肚皮做箭靶，被刘昱用骨箭射中肚脐；
拥护安成王刘准登基称帝；
接受宋顺帝禅让，建立萧齐

年号
建元

恶贯满盈的刘昱

刘昱是刘宋的第八任皇帝，生性残忍好杀，喜怒无常，是历史上的暴君。元徽五年（477年）端午节，太后王贞凤赐给刘昱一把玉柄毛扇。皇帝非但不感恩，反而因为扇子不够华丽而心怀不满，竟因此让太医煮毒药，准备谋杀太后。幸亏随从慌忙阻止说，如果这样就得戴孝，不能出去玩了。听到不能出去玩，刘昱这才作罢。

随着年纪渐长，刘昱越来越放肆。即位第四年开始，他每天夜里从承明门出宫，带着一帮手持长矛大棒的随从，一路上但凡遇见会活动的物体，不论男女行人、犬马牛驴，一律当场杀死，致使建康城一到傍晚便形同空城，老百姓躲在家里不敢出

萧道成像

萧道成（427年—482年），字绍伯，小名斗将，即齐高帝，南朝齐开国皇帝。出自兰陵萧氏。年少在名儒雷次宗处接受教育，钻研《礼》及《左氏春秋》。性情深沉，通习经史，原为南朝宋将军，后被封为齐王；受禅为帝后，改国号为齐，建都建康。在位四年。

门。刘昱一日不杀人,就闷闷不乐,杀人之后,还常常亲自碎尸,残忍至极。

盛夏的一天,天气酷热难耐,辅政大臣萧道成正在家中袒胸露腹地躺在堂中午睡。皇帝突然闯了进来,指着他微微隆起的肚子说:"多好一个箭靶子!"一时兴起,便要萧将军靠着墙边站直,用笔在其肚子上画了个箭靶,然后持弓引箭打算射击。萧道成吓得一动不动,连声求饶:"老臣无罪!"

多亏护卫队长王天恩在一旁打个圆场:"萧老将军腹部硕大,确实是个好靶子,但要是今天被一箭射死,以后可就再也没有这么好的靶子了。不如换成骨头做的箭镞来练习,将来还可以继续玩啊。"

刘昱点了点头,于是换了一支假箭拉满弓射出,箭头正中萧道成肚脐。皇帝立马兴奋地扔下弓箭,俯身大笑着问随从:"你们看我这技术怎么样?"

萧道成意识到,再这么放任皇帝玩下去,自己的小命迟早玩完。于是开始密谋将刘昱的皇位废掉。

很快到了这一年的七月七日乞巧节,刘昱带人到青园尼寺游玩,晚上喝得酩酊大醉才回仁寿宫就寝。临睡前他吩咐手下杨玉夫:"你今晚在庭院里等着牛郎织女渡河会面,看见了立刻报告我,要是看不见,你的小命可就没了。"感到性命不保的杨玉夫趁15岁的刘昱熟睡时,用小皇帝床头用来防身的佩刀将其斩杀。

萧道成知道皇帝的死讯后,立即

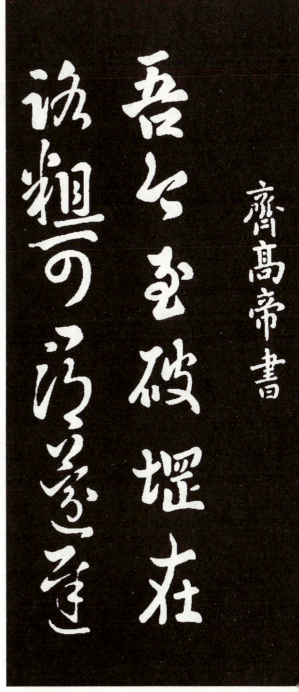

齐高帝手书
齐高帝萧道成博学,不但有文才,而且擅长草隶书,是中国历史上著名的书法家。

骑着赤龙马入宫,奏请太后颁布诏书,历数刘昱的残暴罪状,将其废为苍梧王(史称宋后废帝),然后扶植安成王刘准登基为帝,即宋顺帝。萧道成自己则担任骠骑大将军,实际掌握了军政大权。

自立为帝建南齐

宋顺帝唯萧道成马首是瞻,沦为傀儡皇帝。升明三年(479年),萧道成威逼刘准下诏把皇位禅让给他。四月,萧道成在建康南郊登基称帝,国号齐,是为齐高帝。改元建元,史称南齐。

萧道成性格沉静,喜怒不形于色。他博学多才,擅长草隶书,是中国历史上著名的书法家。他在位期间政务节俭,招揽人才,削除部曲私兵,限制将吏随身护卫人数,下令整顿户籍,并减免一些赋役,安抚流民,因朝政较严明,官民始得安业。

他临终前特意嘱咐太子萧赜:要充分吸取晋朝和刘宋两代皇室手足相残的教训,以宽厚为本,只要维护好兄弟之间的和睦与团结,国家的稳定就不难实现。萧赜即位后,继续执行父亲的统治政策,使萧齐出现了一段相对稳定的时期,经济得到恢复和发展。

南北朝·铜鎏金花卉车饰
铜质,通体鎏金,呈四瓣花卉形,奢华宝贵,应为南北朝贵族或皇宫内用的马车上的饰件之一。

愿世世不生帝王家

即将举行禅位大典时,小皇帝刘准竟逃得无影无踪。萧道成派王敬则率军入宫搜寻,终于在佛堂中将其找到。

刘准哭着问:"你们这是要杀我吗?"王敬则回答:"不杀你,只是请你搬家,你们姓刘的当初对付姓司马的也是如此。"刘准泪流满面地自言自语道:"愿生生世世都不再生于帝王之家。"

萧道成即位后封刘准为汝阴王,迁居丹阳宫并派兵监管。同年五月六日,负责监视丹阳宫的士兵听到门外杂乱的马蹄声,以为发生了突然的变乱,为了预防不测,立即动手将年仅13岁的刘准杀害。

据统计,刘宋前后存在60年,尚且是南朝四个政权中历时最久的,刘裕的后代皇族共有158人,其中子杀父者1人,臣杀君者4人,骨肉相残者103人,死于他人之手者6人,基本都是死于非命。

宋孝武笑祖俭德

出自16世纪《帝鉴图说》。宋孝武帝刘骏在位时不顾当时国家严重的内忧外患，为自己修建大量的宫殿。新宫殿装修得十分豪华，门柱上全部装饰着绸缎。一次，他打算把他爷爷宋高祖刘裕曾经住过的暗室拆掉，重新修建一个玉烛殿。拆毁前，他与几个朝廷官员去看了看祖先的居室。只见室内十分简陋，窗头的屏障还是用土砌的，墙上的灯笼是粗糙的葛布制作的，还有个用麻绳做的蝇拂。当时，一位陪同的大臣深受震动，立即高度赞扬了宋高祖勤俭节约的美德。而刘骏却嘲笑地说："他原来就是个老农，能用上这些东西，已经很不错了。"

/// 少年中国史

顶级门阀兰陵萧氏

兰陵萧氏，是以兰陵郡（今山东临沂兰陵）为郡望的萧姓士族，可谓延绵中古的千年世家。

关于兰陵萧氏的起源，相传是汉初宰相萧何之幼孙萧彪。《南齐书》和《新唐书》都记载萧彪系萧何之孙，被免官后迁居于兰陵，此后才有了兰陵萧氏。萧彪官至侍中，传四世出现了兰陵萧氏的第一个名人——位列三公的萧望之。至西晋末年南迁之时，萧氏因家族之大而被安置于江苏武进，并侨置兰陵郡，史称"南兰陵"，仍以兰陵萧

兰陵王高肃塑像
位于河北省磁县兰陵王墓。兰陵王高肃（541年—573年），字长恭，一名孝瓘，是北齐世宗文襄帝的第四子，东魏大权臣北齐奠基人大丞相高欢之孙，是北齐末期文武双全的名将。他一生忠以事上，和以待下，屡建战功。先后被封为徐州兰陵郡王、大将军、大司马、尚书令等职。因其面貌清秀，当两军交战时都要戴上一个凶恶的面具以震慑敌人。因战功显赫而招致当时的皇帝（其堂弟高纬）的忌恨，终被赐死。

泉州富美宫
位于中国福建泉州鲤城区南门水巷后富美村，里面供奉的是西汉著名的经学家和学者、兰陵萧氏名人萧望之，他被富美村的萧姓人士奉为祖灵和守护神。

南北朝

萧氏家庙

厦门萧氏家庙始建于明武宗正德年间（约1515年），复建于1988年，具有典型闽南古建筑传统风格，与金门县东萧村的"萧氏家庙"遥遥相望。萧氏家庙是台湾地区与海外萧氏宗族的主要宗庙，每年到这儿寻根谒祖的萧姓人士络绎不绝。

氏相称。以南兰陵为基点，萧姓族人播迁于南方诸省，使家族得以进一步发展壮大，南北朝时期，萧姓显贵于江南，繁衍昌盛，人才辈出，使萧姓发展进入了一个鼎盛时期。

南朝时兰陵萧氏以军功起家，其后家族子弟建立了齐、梁两个朝代，成为侨姓士族主要代表，与琅琊王氏、陈郡谢氏、陈郡袁氏齐名。

从魏晋至隋唐，兰陵萧氏共走出21位皇帝，35位宰相，其间更有大批文武权臣和文人雅客。其中萧道成建立了南齐，萧衍建立了南梁。文人中最突出的是昭明太子萧统，他为后世留下了著名的《昭明文选》。

《昭明文选》书影

明代汲古阁精刻本。《昭明文选》是中国编选最早的经典诗文总集，由南朝梁武帝的长子萧统组织文人共同编选。萧统死后谥"昭明"，所以他主编的这部总集称作《昭明文选》。由于这本书的存在，使得很多梁代以前的文学作品得以保存。这部总集共60卷，分为赋、诗、骚、七、诏、册、令、教、文、表、上书、启、弹事、笺、奏记、书、檄、对问、设论、辞、序、颂、赞、符命、史论、史述赞、论、连珠、箴、铭、诔、哀、碑文、墓志、行状、吊文、祭文。收录极为丰富，选材上等。

梁武帝萧衍陵墓前的天禄

徽州江氏族谱《兰陵萧氏二书》

清乾隆刊本。兰陵萧氏早在东晋末年就已经为天下门阀，自此之后，一直至唐朝末期五代十国时才与天下世家走向衰落，可谓延绵中古的千年世家，顶级门阀。

490年—499年

高祖曰："北人恋本，忽闻将移，不能不惊扰也。"澄曰："此既非常之事，当非常人所知，唯须决之圣怀，此辈亦何能为也。"高祖曰："任城便是我之子房。"

——《魏书·列传第七中》

北魏孝文帝改革

当民族歧视和压迫政策逐渐走向尽头时，不断激化的矛盾和起义用大量的鲜血和累累白骨深深刺激着统治者的神经，改革迫在眉睫，汉化成为必要的手段。

时间
490年—499年

改革措施
政治：整顿吏治、变革税制、颁俸禄制、改革官制、迁都洛阳
经济：行均田制、创三长制、改革租制
文化：禁胡语、改汉姓、尊孔子

影响
发展了北方社会经济；促进了民族融合和交流

年幼即位

拓跋宏（467年—499年），皇兴元年（467年）出生于北魏首都平城紫宫。由于是初为人父，献文帝拓跋弘特别高兴，更高兴的则是终于有了孙子的冯太后。已经临朝听政18个月的她迅速做出决定，将朝政大权交还给已经14岁的儿子拓跋弘，自己则专心抚养皇孙拓跋宏。

皇兴三年（469年），拓跋宏被立为太子，年幼懵懂的他自然无法预知两年后的自己会继承皇位，成为名垂千古的孝文帝，而父亲则在祖母的威逼下成为历史上最年轻的太上皇。

年幼的他也无力改变这样的现实，只得接受已经是太皇太后的冯氏再度临朝听政，直到其病逝为止。这一时期，身为

魏孝文帝像
魏孝文帝拓跋宏（467年—499年），后改名元宏，本姓拓跋，是北魏献文帝拓跋弘的长子，中国历史上杰出的少数民族政治家、改革家。即位时年仅5岁，在位28年，卒年33岁，其所推行的改革，以汉化运动为主体，俗称孝文汉化，改革措施有利于缓解民族隔阂和阶级矛盾，为社会经济的恢复和发展发挥了积极作用。

南北朝

现代油画《魏文帝迁都洛阳》

皇帝的拓跋宏垂下衣袖、拱手而坐，什么都不用做就能使天下太平，不费吹灰之力就实现了古往今来多少帝王梦寐以求的政治梦想——"垂拱而治"。

太和十四年（490年），冯太后去世，年满23岁的孝文帝拓跋宏从此只能继承祖母遗志，独自挑起改革的重担。他亲政后重用汉族士族，全盘推行汉化改革，其中最关键的一项措施即是迁都洛阳。

取广大汉族人民的支持。

然而大部分鲜卑贵族并不愿背井离乡，即使有大臣主张向南迁都以便于和南朝争夺中原，也只是倾向于距离平城不远的邺城——东汉末年曹操便是在这里遥控汉朝政局，后来羯族石勒和前燕慕容氏也在此定都，其战略地位也算重要。

北魏·陶獬豸
镇墓兽是我国古代从春秋到宋元时期墓葬中的辟邪之物，常被放置在墓道内。獬豸也称"独角兽"，是象征司法公正的神兽，传说它的角专抵执法不公之人。

妙计迁都

北魏长期以平城为国都，地理位置偏北，不利于强化对中原的统治，而且粮草运输困难，北方又面临柔然的巨大威胁。相比之下，洛阳地处中原，是诸多王朝的政治和文化中心，如果北魏希望以华夏正朔自居，定都洛阳自然更有说服力，更有利于争

孝文帝心意已决，但清楚地知道自己的迁都计划和群臣的意见相去甚远，这个决定将会引起十分激烈的反对。冥思苦想之后，一个巧妙的计划终于浮入脑海。

太和十七年（493年）五月，孝文帝在朝会之上突然对群臣宣布，自己将亲率大军讨伐南齐，并派人针对此次出征当场卜卦以测吉凶，呈上来的卦象显示"遇革"。

孝文帝欣然解释："商汤灭夏、武王伐纣建周，都是革命，如今代表天意的卦象也顺乎朕的心意，看来这次出征必定马到成功！"

大臣们不明白皇帝为什么一时

汉魏洛阳城遗址

是1—6世纪中华文明发展史上东汉、曹魏、西晋、北魏四个重要王朝的都城，位于中原地区的洛阳盆地，是这一时期丝绸之路的东方起点。汉魏洛阳城遗址代表了东汉至北魏历代中原王朝的文明与文化特征，见证了北魏时期游牧民族与农耕民族大融合所促生的独特城市文化。

兴起想要南征，难道太平真君十一年（450年）太武帝拓跋焘大举南侵、最终铩羽而归的教训还不够惨痛吗？

孝文帝堂叔、任城王拓跋澄带头反对，百官纷纷附和。孝文帝厉声反问："古人云'君主像老虎一般变革'，难道今天的卦象还不吉利吗？"

拓跋澄说："现在国家的发展势头已经像龙一样发展兴旺，陛下何必还要像老虎一样变个不停呢？"

孝文帝更加生气："整个江山社稷都是我的，任城王这样讲难道是想破坏大局吗？"

拓跋澄豁出一条命，继续反驳说："国家的确是陛下所有，但作为国家大臣，我也有义不容辞的责任警告您穷兵黩武的危险性！"

君臣不欢而散。散朝后，孝文帝单独召见拓跋澄，对叔父道出了实情："当时我也只是就事论事，只怕卦象会引发争论进而阻碍我的改革大计，这才

声色俱厉，试图以强势震慑群臣。但平心而论，大魏兴起于偏远北方，民风剽悍，想要以仁义道德和文化礼仪来统治天下实在是太难。朕其实是打算借南伐之名行迁都之实，你觉得在南征途中趁势定都洛阳如何？"

拓跋澄一扫之前的顶撞姿态，十分欣喜地回答："洛阳是天下的中枢，陛下打算统治华夏，泽被苍生，老百姓要是听说了您的这个壮志，也必定会额手称庆的！"

孝文帝又进一步追问："假如保守势力太过强大，到时候朕变成了孤家寡人，一意孤行只怕会举步维艰啊。"

孝拓跋澄果断地鼓励他："非常之事，本来就不是常人所能做的。假如认定这是利国利民的好事，就算陛下独断专行，存心反对的人又能怎么样呢？"

孝文帝龙心大悦，连连称赞说："你真是我的张良啊！"

八月，孝文帝拜别冯太后永固陵，率领百官和百万步骑浩浩荡荡地离开平城，所过之处，秋毫无犯，于九月底抵达洛阳。

时值深秋，阴雨连绵，道路泥泞，行走艰难，大军就地休息待命。三日过后，秋雨仍下个不停。皇帝不再等天气好转，跃身上马，正欲下令大军继续前行，只见大臣们扑通扑通地纷纷跪

朝阳北塔
位于辽宁朝阳市双塔区，始建于北魏年间，由冯太后下令修建，初名为"思燕佛图"，即思念燕国的塔，根据考古发掘材料及有关历史文献记载，推断其高度约为80米，方形，7层，是当时东北地区的最高建筑，距今已有1500多年历史。

倒在马前。

孝文帝故作惊奇："大军长驱南下乃是既定方针，你们这是干什么？"

尚书令李冲带头说道："陛下，我军长途跋涉，本来就行军艰苦，偏偏又遇到阴雨绵绵的天气，我们早已疲惫不堪，所以冒死进谏，恳请不要继续南征了。"紧随其后的大臣们立即叫苦不迭起来。

孝文帝佯作生气："我们即将踏平南齐，统一海内。你们屡次阻挠，军法如山，不许再说！"

眼看皇帝即将纵马而驰，百官不禁纷纷哀号："陛下别走！我们实在走不动了啊。"

孝文帝就势勒住缰绳，叹口气说："这次南征兴师动众，声势浩大，绝不能空手而归。倘若无功而返，岂不贻笑大方。要是你们实在不愿南下，咱们就暂且定都洛阳，等将来有机会再灭亡南朝，统一全国。诸位现在就表个态吧：打算继续南下的站到我的左边，愿

北魏·彩绘陶马
马站立在长方形底板上，俯首状，马头饰辔头，脖子上挂有马铃，背上有鞍具和障泥，障泥上雕刻着纹饰，尾部套鞦系。此马以写真手法雕塑，反映了北魏时期陶塑艺术细腻入微、造型生动的时代特征。

北魏·石雕孝文帝礼佛图
此图描绘的是北魏孝文帝礼佛的场面。自从北魏道武帝皇始年间（396年—398年）沙门法果提出帝王"即是当今如来"，拜天子就是礼佛的口号以来，佛教越来越受到上层统治阶级的重视。皇帝礼佛图应为北魏孝文帝迁都洛阳以后，根据孝文帝率领文武百官礼佛时的场景雕造的浮雕图像。此图位于宾阳中洞的南向，图中以孝文帝为中心，前簇后拥，组成礼佛行进队列。二侍者执仪仗前导，孝文帝戴冕旒，持薰炉，泰然自若。一双髫童子添香，二侍者扶侍，左右又二侍者持羽葆，中一侍者擎宝盖，缀以流苏。孝文帝身后十余侍臣紧紧跟随。尽管人物层次错综复杂，却很和谐统一，动中有静，充满肃穆的气氛。

意迁都的站右边！"

王公大臣一听，争先恐后地站到右边，齐声高喊："陛下万岁，皇上英明！"

迁都洛阳的事，就这样被孝文帝巧妙地搞定了。

移风易俗

然而随着迁都的进行，鲜卑人源源不断地涌入中原，政府又面临许多新的问题：胡人的生活习俗与汉族大大不同，他们编发左衽，衣服窄小紧凑，口里操着各地方言，彼此交流存在不少障碍。更重要的是，习惯了骑马射猎的游牧生活的他们还不能立即适应男耕女织的农业生产生活。

在王肃、李冲、李彪、高闾等汉族士人的支持下，孝文帝着手移风易俗，全面推行汉化。具体措施包括：

1. 改换服饰。禁止所有人穿胡服，少数民族一律改穿汉服。

2. 讲汉话。宣布以汉语为标准语音，要求大臣不再讲鲜卑语和地方方言，违者以贬职作为处罚。

3. 改汉姓。鲜卑族使用的复姓全部改为单音的汉姓，拓跋氏改称元氏，步陆孤改姓陆，达奚氏则成了奚氏，尉迟氏换成尉氏，勿忸于氏为于氏，丘穆陵氏换作穆氏。

4. 通婚姻。大力倡导鲜卑人与汉人联姻，皇帝身体力行，带头示范，将范阳卢氏、清河崔氏、荥阳郑氏、太原王氏等士族大姓的女儿纳入后宫，还亲自为六个弟弟选聘汉族妻子，六个王妃中除了代郡穆明乐之女出身鲜卑贵族之外，其余全部来自中原的著名士族。

5. 改籍贯。凡是迁到洛阳的鲜卑人，从此都是河南郡洛阳县（今洛阳市）人，死后一律埋葬在河南，不得迁回平城。

孝文帝的这些措施大大推动了鲜卑经济、文化的发展，也加速了北方各民族的交流与融合。不过，拓跋宏后期的汉化改革以移风易俗为主要内容，北魏政治的进步、国力的提升与冯太后主政时的前期改革有着极为密切的关联。

北魏·金铜弥勒佛像
是迄今为止所知的最高的北魏金铜佛像，法相庄严，雕刻精细，实为精品之作。

493年

高祖幸邺，闻肃至，虚襟待之，引见问故。肃辞义敏切，辩而有礼，高祖甚哀恻之。谈语及为国之道，肃陈说治乱，音韵雅畅，深会帝旨。

——《魏书·列传第五十一》

王肃避难奔魏，谢氏千里寻夫

许多人在政治变乱中"叛逃"到北方避难，大多被安置在洛阳的"归正里"，贵为皇室的萧宝夤、萧正德也不例外。唯独王肃住在了劝学里东的"延贤里"——劝学里是东汉太学所在地，孝文帝曾亲自题名，象征汉魏文化的正统，而延贤里之名也完全因他而生。

字
恭懿

籍贯
琅邪郡临沂

奔魏原因
父亲、兄弟被齐武帝萧赜杀害

主要贡献
协助北魏完善都城、制度建设；
率兵南征；
辅佐宣武帝元恪

妻子
南朝谢庄之女谢氏；
北魏彭城公主

投奔北魏受重用

王肃（464年—501年），字恭懿，琅邪郡临沂（今山东临沂）人，是东晋著名丞相王导的后代，南齐大臣王奂的儿子。永明十一年（493年），王奂连同几个儿子被齐武帝萧赜所杀，王肃被迫逃亡，一路假扮成僧侣投奔了北魏。

孝文帝听说王肃博学多才，熟悉历代典章制度，于是欣然接见。孝文帝首先询问他逃亡的原因，对其不幸遭遇深表同情。转而说到安邦治国的道理，王肃侃侃而谈，将历代兴衰得失分析得头头是道，孝文帝连声称是。最后，王肃还指出萧齐内部危机重重，建议北魏大举南征。两人谈得十分投机，不知不觉已夕阳西下，丝毫不因久坐而感到疲乏，恨不得以刘备和诸葛亮自命。

北魏·彩绘陶仕女俑（一对）
此陶俑为一对携手而立的侍女形象，均为双丫髻，无领长裙，束腰，下穿百褶裳。眉目清秀，面容姣好，两俑各有一只手叉腰，另一只手紧紧相携，表现了亲密的关系。通体以红黑二色装饰，是北魏时期难得的艺术珍品。

南北朝

当时北魏刚从平城迁都不久，孝文帝正在全力新建洛阳城，增加了许多建筑，但在布局上显得混乱无序，朝中大臣很少有人知晓汉代都城的规划，想模仿都没有办法。博古通今的王肃的到来正好解决了这些难题，北魏最终参照汉魏都城的设计样式营建起新都城。一些汉代的礼仪制度也得到修正和改进，比如，北魏之前祭天遵循的是鲜卑族的传统，后来改用中原王朝沿用的仪式，使政权更加符合华夏正统的形象。

流落异国他乡的王肃一想起父亲遇难，内心就涌动着伍子胥归报楚王仇的情绪。齐明帝萧鸾弑主自立后，王肃奉孝文帝之命领兵讨伐，皇帝赐予其招兵买马、招降纳叛便宜行事的大权，凡是战争中的用人事宜，六品以下官员自己可以当场任命，事后再上报也无妨，对于前来投降的敌军将领，有权授予五品以下官职。他后来因为攻占义阳、击败南朝将领裴叔业等战功而加封镇南将军，升迁到豫州刺史、扬州大中正等职位。

孝文帝对全力为北魏出谋划策的王肃十分器重，经常尊敬地称呼他为"王生"，即使皇族都不能离间他们之间彼此信任的关系。任城王元澄不服王肃一路扶摇直上，地位竟在自己之上，因此常对人抱怨："王肃的官职比我高，我无话可说，但堂叔广陵王在宗室中德高望重，为什么也要屈居他之下呢？"后来他借机弹劾王肃谋反，但这

北魏·陶骑马侍女俑
马站在长方形底板之上，辔头、鞍具一应俱全。马背上乘坐一侍女，发髻后梳，交裾宽袖长衫，双手前屈做持缰状。作为陪葬冥器，此陶俑生动再现了北魏时期女子骑马的状况，十分难得。

个诬告不久就被澄清了。

孝文帝驾崩后，王肃与咸阳王元禧等人作为顾命大臣共同辅佐太子元恪，直至景明二年（501年）在寿春去世，享年38岁。

饮食趣闻

王肃刚来北方时，吃不惯当地的羊肉、奶酪，常用鲫鱼汤泡饭充饥，渴了就大口喝茶。京城的士人听说他一次可以喝好几壶茶，就给他取了个外

北魏·铜鎏金弥勒佛造像

号——"漏卮",意思是说他的嘴就像破漏的茶壶一样,永远也填不满。

当时北魏官员刘缟羡慕王肃的饮食作风,曾专门学习茶艺,却遭到彭城王元勰的调侃:"你不羡慕王侯贵族的八珍美食,反倒喜好奴仆才喝的'水厄'。所谓'东施效颦',说的大概就是你了吧。"元勰的家里有来自南方的奴仆,知道"水厄"的典故,所以才如此奚落刘缟。

原来,茶在当时才刚刚开始流行,许多人还不习惯喝。东晋司徒王濛嗜茶如命,但凡有人上门拜会,必定叫人煮茶迎客。人们碍于情面只好相陪,往往自己的肚子里已经储满了茶水,主人却还在兴头上,一个劲地盛情劝茶。久而久之,许多人一听"王濛有请",便摇头打趣说:"今日又要遭水厄了!""厄"意为苦难,品茶反倒成了"水难",一时成为笑谈。

北魏的朝会宴饮虽然也备有茗茶,北方人却大多不喝,只有前来投奔的南方人才品得津津有味。

过了几年,孝文帝发现王肃面对羊肉、奶酪时已经能够大快朵颐,于是有意打趣说:"爱卿觉得羊肉跟鲫鱼汤泡饭相比,哪个更美味?奶酪和茗茶相比,又怎么样呢?"

王肃想了想,认真地回答:"羊肉是陆地上最好吃的食物,鱼则是水中的最佳菜肴。羊肉好比齐、鲁等大国,鱼好比邾、莒等小邦,口味的喜好完全因人而异。不过茶的地位就很尴尬,历来只被当作为奶酪服务的配角,似乎心有不甘,但也颇为无奈啊。"

拓跋宏开怀大笑,举起酒杯对在场的所有宾客说:"三三横,两两纵,谁能猜到谜底就赏赐金钟一座。"

李彪稍加思索,开口回答:"沽酒老妪瓮注瓨,屠儿割肉与秤同。"意为卖酒的老妇能将瓮中的酒一滴不漏地注入细长瓶颈的陶器中,屠夫割肉不用称重就可以掂量出大致的斤两。

甄琛随后也以七言诗句作答:"吴人浮水自云工,妓儿掷绳在虚空。"两人都通过两个熟能生巧的例子来回应孝文帝的字谜,彭城王元勰这才恍然大悟:"原来谜底是个'习'字啊。"

孝文帝的话其实一语双关:一方面说给王肃听,暗示饮食乃是习惯问题,时间长了问题就会自然而然地解决;另一方面也是告诉在座的鲜卑贵族,学习以汉族文化为代表的先进文化也是一个渐进的适应过程,谁学得好,就可以得到金钟的奖赏。

后来彭城王遇见王肃,也开始用别样的方式寒暄:"明天来我家做客吧,我特意准备了你偏爱的'邾莒小邦'和'奶酪奴婢'呢。"

发妻千里寻夫

王肃出身名门望族琅琊王氏,娶了另一豪门——谢氏的大家闺秀、南朝大文学家谢庄的女儿,还生有一儿二女。当年他只身"叛逃"到北方，与妻儿失去了联系。在北魏人眼里，王肃应该忘记过去，活在当下，最后在皇帝的撮合下，王肃娶了孝文帝的六妹、因丈夫刘承绪早亡而守寡的彭城公主。

再婚生活过了一年多，原以为今生无缘再见的原配夫人带着三个儿女千里迢迢来到了北魏。原来，谢氏在王家遭难后不得已出家为尼，经过几年无望的等待，终于勇敢地决定北上寻夫。三个孩子大的十五六岁，小的只有八九岁，想要躲过边境士兵的盘查并不容易，借助尼姑的特殊身份，他们顺利通过边防，最终在寿春找到了失散多年的王肃。

然而当时北魏的上层官员大多与贵族通婚，老婆的身份普遍高于自己，他们往往保持一夫一妻的习俗，不敢娶妾，彭城公主的皇室身份决定了谢氏无法回归原来的家庭。

出身名门大户的谢夫人按书香门第的习惯写了一首双关诗给丈夫："本为箔上蚕，今作机上丝。得路逐胜去，颇忆缠绵时。"意思是说，自己本是竹箔上的春蚕，如今已变成了织布机杼上的蚕丝，时光荏苒，曾经的少女已蜕变成一名饱受离别和思念之苦的妇人；谁能想到，好不容易找寻到北方的丈夫，却只能无奈地回忆那一去不返的夫妻恩

北魏·彩绘陶骑马俑
根据此俑造型可以断定应是北魏时期骑马鼓吹俑群中的一对，马背上的鼓吹手面带微笑，神采奕奕，原有乐器已经遗失，但依然能看出他们在演奏时的神情笑貌。

爱的时光。

果然，不甘示弱的彭城公主立即替王肃回了一封信："针是贯线物，目中恒任丝。得帛缝新去，何能衲故时。"明明白白地告诉谢氏：针的功能就是引线，所以一根针眼中时常穿有丝线，如今得到了新的丝绸要去缝纫，哪里还顾得上缝补陈年旧衣？

尽管复合无望，王肃还是觉得愧对结发妻子，因此在自己居住的延贤里建起一座正觉寺，把谢氏和子女安置其中。可怜谢夫人本来只是为了避难和出逃才假扮的尼姑，哪会料到自己在找到丈夫之后却成了真正的出家人。

过了不久，王肃就去世了。谢氏将子女拉扯大，儿子后来继承了父亲的爵位，女儿成了宣武帝元恪的皇妃。

北魏·石雕思惟菩萨像

此像盗取于龙门石窟,现藏于美国纽约大都会艺术博物馆。菩萨头戴高冠,大耳垂肩,面目修长,清秀俊美,双肩瘦削,胸部平直。上身前倾,右手托腮做思索状,跏趺坐于方台之上。衣纹皱褶整齐,呈扇形均铺在坐台之上。思惟菩萨像为中国所创,流行于南北朝时期,后代渐少。

494年

是时宣城王鸾辅政,帝起居皆谘而后行。思食蒸鱼菜,太官令答无录公命,竟不与。辛亥,皇太后令废帝为海陵王,使宣城王入纂皇统。

——《南史·齐本纪下第五》

萧鸾废帝

自小父母双亡,叔叔替代了父亲的角色视如己出,本该替叔叔好好看顾其子孙,野心却在中途膨胀,杀戒的禁制一旦冲破就再也回不了头。

时间
494年

事件
先废杀萧昭业,改立其弟萧昭文;不久又废萧昭文为海陵王,自立为帝

在位主要行为
猜忌并屠杀同宗,萧道成与萧赜的子孙均被诛灭;
政治上肃清贪污;
经济上提倡节俭;
晚年尊重道教与厌胜之术

萧鸾是齐高帝萧道成的侄儿,年幼时父母双亡,收养他的萧道成对其视如已出,非常信任并予以重用。齐武帝萧赜临终时任命萧鸾为主政大臣,负责辅佐皇太孙萧昭业治理天下,一切政务无论大小都交由他处理。

萧昭业继位后,滥发赏赐,胡作非为,奢靡无度,萧鸾便起了取而代之的心。他从剪除其羽翼入手,先后诛杀徐龙驹、綦母珍之,孤立萧昭业。

萧昭业怀疑萧鸾有篡位之意,打算将其外放到西州去,不再管得了朝中的事情。但计划尚未实施,先下手为强的萧鸾便于隆昌元年(494年)七月二十日先杀了值事的曹道刚、朱隆之等人,然后率

萧鸾兴安陵石刻
齐明帝萧鸾兴安陵位于江苏丹阳荆林三城巷北,这座昔日帝王的陵东向,陵前现存石兽一对,右为麒麟,左为天禄。两石兽间隔有一条小沟。左边的天禄仅残存前半躯,安放在混凝土基座上。挺胸张口,长舌吐垂,注视前方,还残存些许彪悍,咄咄逼人。麒麟四足全失却不失尊贵,尽管那只代表着尊贵的独角已残缺,还能看出兽身仍是雄健,颈项短而肥,头上昂,颔下垂长须,大翼由四个小翼组成,其形与胸前长毛浑然一体,仿佛能随风飘动,别具一格;其脊背隆起,由头至尾雕琢为连珠状,口角有齿状的茸毛,栩栩如生。

兵从尚书省由云龙门直入寿昌殿抓捕萧昭业，萧昭业未能逃掉，被杀时在位只有1年，终年21岁。

萧昭业死后，他同父异母的弟弟、15岁的萧昭文被扶上皇位，但朝政大权却牢牢掌握在他的叔祖萧鸾手中，饮食起居各项事务统统要向萧鸾征询，得到准许后才可以进行。

萧昭文在位75天后，萧鸾以皇太后的名义颁下诏书，借口皇帝年幼多病，难当重任，将萧昭文废黜，降为海陵王，皇帝改由他自己担任，史称齐明帝。十几天后，萧鸾诈称萧昭文有疾病，多次派御医前去诊断，最终将其杀害。

萧鸾称帝后猜忌心特别强，对自己的萧氏同宗展开了三次大规模屠杀，萧道成与萧赜的子孙被诛灭殆尽。萧鸾没有想到的是，残杀同宗的行为也最终报应在自己身上，导致自己绝后——在他死后，11个儿子中只有1人因为得病残疾才得善终，且没有留下后代，其余全部因为各种变乱而遇害身亡。

永泰元年（498年），萧鸾病死，时年47岁。值得一提的是，北魏皇帝元宏原本在六月下令征发兵卒20万，大举南下讨伐萧齐，在得知齐明帝的死讯后，居然下诏称"礼不伐丧"，领兵退回北方。北魏皇族之所以遵守汉族自春秋以来所推崇的道义，根源在于他们有一个推崇汉化改革的皇帝。

金莲布地
出自16世纪《帝鉴图说》。讲述了南朝齐国废帝东昏侯萧宝卷宠爱潘妃的故事，他用黄金打制莲花铺地然后让潘妃在上面走，美其名曰："步步生莲。"萧宝卷为齐明帝萧鸾第二子，萧鸾死后即位，被认为是中国历史上最为昏庸荒淫的皇帝之一。

> 502年—549年

帝在州，甚有威名。尝有人饷马，帝不受，饷者密以马系斋柱而去。帝出见马，答书殷勤，练之马首，令人驱出城外，马自还都。

——《南史·梁本纪上第六》

皇帝菩萨与南梁盛世

大通三年（529年）九月十五日，同泰寺举行"四部无遮大会"，一位身着僧衣、正在讲解《涅槃经》的老者显得格外引人注目。十天后，南梁的文武百官找到了这里，集体向三宝祷告，决定向寺院捐钱一亿，请求赎回他们的"皇帝菩萨"。

成立时间
502年

身份
汉代丞相萧何二十五世孙、萧齐雍州刺史、大司马、南梁高祖

建立政权
南梁

主要特征
勤于政务、勤俭节约；励精图治，社会繁荣；雅好诗文，多才多艺；笃信佛教

人生结局
侯景之乱中被活活饿死

代齐建梁

萧衍（464年—549年），字叔达，是兰陵萧氏的世家子弟，与南齐皇室的关系非常密切，他的父亲萧顺之是齐高帝萧道成的族弟，曾做过侍中、卫尉等高官。

萧鸾在位五年病死后，儿子萧宝卷即位，此人暴虐无道，随意杀戮功臣。在其冤杀萧衍的兄长萧懿之后，萧衍开始招兵买马，暗中准备以武力废掉萧宝卷。他选择与南康王萧宝融联合举兵。联军

梁武帝像

梁武帝萧衍（464年—549年），字叔达，小字练儿，南兰陵郡武进县东城里（今江苏丹阳访仙镇）人，南北朝时期梁朝政权的建立者。萧衍是兰陵萧氏的世家子弟，为汉朝相国萧何的25世孙。他原来是南齐的官员，南齐中兴二年（502年），齐和帝被迫"禅位"于萧衍，南梁建立。萧衍在位时间达48年，在南朝的皇帝中列第一位。前期任用陶弘景，颇有政绩，在位晚年爆发"侯景之乱"，都城陷落，被侯景囚禁，死于台城，享年86岁，葬于修陵，谥号武皇帝，庙号高祖。

迅速抵达建康城下，醉生梦死的萧宝卷被杀，萧宝融成了齐和帝。因夺位有功，萧衍升任大司马，掌管军国大事。随着自己变得位高权重，他逐渐萌生了称帝的想法。"竟陵八友"的沈约、范云等人都对此表示支持，他的弟弟也秘密让人散播"行中水，为天子"的民谣，为兄长称帝大造舆论。

中兴二年（502年），身为雍州刺史的萧衍以"废昏立明"的名义再次起兵攻入建康。在武力面前，萧宝融颁下禅让诏书，萧衍正式建立梁朝，史称南梁。禅位的萧宝融不久被逼吞金自尽。

萧衍在位时间长达48年，在所有南朝皇帝中位列第一，事实也证明他确实比萧宝融更善于治理国家，取得了非常显著的政绩。

首先，他充分吸取了萧齐灭亡的教训，勤于政务，每天五更起床批阅奏章，不分春夏秋冬。

其次，他的节俭是出了名的，一顶皇冠坚持使用三年，一床被褥用了两年都舍不得更换，饮食以蔬菜和豆类为主，太忙的时候就只喝点粥充饥。

最后，为了广泛听取臣民意见和充分选拔、任用人才，他下令在宫门前放置两个特制的盒子，一个叫"谤木函"，如果百姓对国家有什么意见或者建议，都可以写成书信投进其中；另一个是"肺石函"，倘若文臣武将对国家有功却没有得到相应的封赏和提拔，在野的良才没有被及时发现和使用，都可以通过这个渠道直接向皇帝表达诉求。

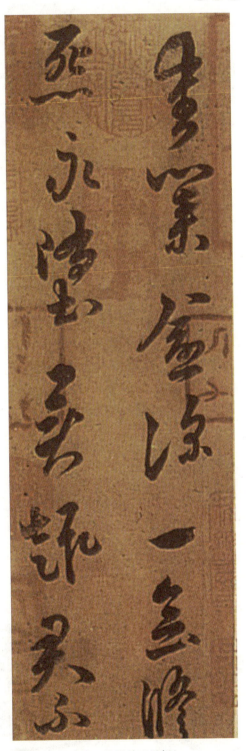

南朝梁·梁武帝·异趣帖（局部）

东飞伯劳歌

东飞伯劳西飞燕，
黄姑织女时相见。
谁家女儿对门居，
开颜发艳照里闾。
南窗北牖挂明光，
罗帷绮箔脂粉香。
女儿年几十五六，
窈窕无双颜如玉。
三春已暮花从风，
空留可怜与谁同。

——南北朝·萧衍

著作等身的文雅皇帝

在忙于政务的同时，萧衍还能潜心研究经学、历史，这一点殊为不易。他曾亲自撰写《周易讲疏》《春秋答问》《孔子正言》等对儒家经典的理解、心得，共计200余卷；在史学方面，他认为《汉书》等断代史作品人为割裂了历史，显得零散无序，因此主持编纂六百卷的《通史》并亲自作序。在所有著述中，萧衍对这本书最为满意，他曾骄傲地对臣下说："等我的《通史》成书之后，其他的历史典籍就都没有多大参考价值了。"可惜这些著作到了后世大多失传。

南齐永明年间（485年—493年），文学界创作诗歌的风气十分盛行，很多文人墨客聚集在竟陵王萧子良的周围，借助游园宴饮的机会展现自己的文采。其中比较出色的八位被时人称为"竟陵八友"，萧衍便是其中一员，这一时期创作了许多诗歌。称帝后他雅兴不减，经常召集文人聚会，以赋诗为乐。萧衍现存诗歌有80多首，有言情咏物、谈禅悟道、宴游赠答等题材，多数模仿乐府民歌，描摹女子对爱情的期盼，感情缠绵、风格旖旎，具有浓郁的江南风味。

由于皇帝雅好诗文，大臣们纷纷效仿，甚至连赳赳武夫灵光一现，都能吟出几句好诗。天监六年（507年），将领曹景宗和韦睿在徐州大败魏军。班师回朝后，萧衍在华光殿举行宴会，为他们庆功。期间君臣开始玩连句赋诗的游戏，鉴于曹景宗不善诗文，特意没有给他分配诗韵，免得他当场难堪。不料曹将军认为这种

《文心雕龙》书影

南北朝刘勰著，又称《文心》，是中国第一部系统文艺理论巨著，也是一部理论批评著作。全书共10卷，50篇，以孔子美学思想为基础，兼采道家，系统地论述了文学的形式和内容、继承和革新的关系，反对不切实用的浮靡文风。书中全面总结了齐梁时代及以前的美学成果，细致地探索和论述了语言文学的审美本质及其创造、鉴赏的美学规律。

特殊照顾乃是对自己的歧视，心里大为不快，借着酒兴嚷嚷着要加入。这时候诗韵已经差不多分完了，只剩下"竞""病"二字，在这个条件下按韵赋诗是相当困难的。出人意料的是，曹景宗稍加思索便赋诗一首："去时女儿悲，归来笳鼓竞。借问行路人，何如霍去病。"不但自然流畅，而且非常应景，切合眼前凯旋庆功的场景。文人们纷纷自叹不如，皇帝还特意叮嘱史官将此事记入国史。

此外，梁武帝还精通音律、喜欢绘画、棋艺超群，书法造诣也很高。在他的带动下，王公贵族以儒雅为荣，努力提高自己的文化素质，举国上下充满了文化气息。萧衍的长子萧统组织文人完成了中国现存最早的一部诗文总集《昭明文选》，刘勰创作了中国文学理论批评史上第一部体系严密的文学理论专著《文心雕龙》，史学家沈约著有《晋书》《宋书》等。《南史》作者李延寿评价说："梁朝的文化繁荣在东晋以来的近二百年时间里，堪称独一无二。"

笃信佛教的皇帝菩萨

天监三年（504年）农历四月初八，据说是释迦牟尼诞生之日，梁武帝带领僧、俗两万余人聚集建康的重云殿，作《舍道事佛文》，正式宣布放弃道教信仰，从此皈依三宝。

萧衍对佛教的信仰是十分虔诚

梁武帝舍身佛寺

出自16世纪《帝鉴图说》。梁武帝萧衍亲临同泰寺，主持佛法大会，脱掉了朝服，声称要在佛寺里清净度日。他将随身带的钱财全部施舍给寺里，从此睡素床，用瓦器，坐小车，身边只留几个贴身的仆人。他还亲自登上讲堂法座，为四方的僧俗大众、善男信女们讲解《涅槃经》。皇帝已经舍身于佛寺中，朝野上下一片震惊。朝中的文武大臣们商量来商量去，最后还是决定再将皇帝请回来主持朝政。于是，他们便凑足了10万钱，奉献于佛前，请求为皇帝赎身，让他重新回到朝中。同时，众臣还发起了联合签名，联名上表给萧衍，请他以天下苍生为念，回朝主持大政。联名请愿表一连递了三次，萧衍才勉强答应了群臣们的请求，再次回来坐到皇帝宝座上。

的，身为皇帝竟不惜长年过着苦行僧一般的生活。天监六年（507年），他郑重宣誓断绝酒肉："如果今后我有任何饮酒食荤、杀害生灵的行为，自愿接受一切鬼神制裁，死后堕入阿鼻地狱。"天监十八年（519年）他在无碍殿中正

南朝梁·佛头像

出土于万佛寺遗址。万佛寺位于成都市西门外通锦桥,相传建于东汉延熹(158年—167年)年间,是成都著名古刹,从南朝至明代的千余年间,香火连绵不断。遗址自清光绪八年(1882年)出土以来,先后四次出土了大批石刻造像,约200余件,有佛像、菩萨像、造像碑、造像龛、伎乐像及各种建筑构件。其中出土的这件南朝梁造像刻有明确的纪年,是研究早期佛教艺术的重要实物资料。

式受菩萨戒，于是有了"皇帝菩萨"的称谓。

佛教不只是梁武帝个人的信仰，还被立为南梁的国教，成为全国臣民的共同信仰。

天监十一年（512年），萧衍颁下诏令："凡是宗庙祭祀，都必须遵守佛教的戒律。天地之间的生灵不可以杀伤损害，岂能为了满足一己口福而牺牲任何有佛性的众生呢？朕特此下令，今后民间祭祀不准再用猪牛羊作为供品，而应该以面粉代替荤腥、大饼代替大脯，其余全用青菜豆腐。"于是，百姓只好用面粉捏成牛羊的形状献给祖先享用。

为了弘扬佛法，皇帝潜心钻研佛经，亲自撰写《涅槃》《大品》《净名》《三慧》等佛学著作，并四处开坛讲经。为了让民众有充足的场所拜佛，梁武帝耗费大量钱财在各地修建寺庙。据统计，梁代仅都城建康一地就汇聚了700余座寺院，全国共有佛寺2846所，僧尼8万余人。唐代诗人杜牧在《江南春》中的名句"南朝四百八十寺，多少楼台烟雨中"，其实只是这一时期佛教盛况的缩影。

佛教迅猛发展对社会的影响非常明显，但令南梁的大臣们错愕而又无奈的是，政局的稳定也受到了佛教的干扰——他们的皇帝曾四次前往同泰寺舍身出家，在百官苦苦央求下才重新回朝执政。

普通八年（527年）三月八日，梁武帝第一次出家，三天后返回朝廷，大赦天下，改年号为"大通"；大通三年（529年）九月十五日，他再次前往同泰寺，二十五日群臣捐钱1亿向寺庙请求赎回皇帝，萧衍于两天后还俗；大同十二年（546年）四月十日他第三次出家，这一次朝廷花了2亿钱；太清元年（547年）三月三日皇帝故伎重演，在同泰寺住了37天，直到朝廷又出资1亿钱将其赎回。如此心甘情愿为佛祖舍身招财的皇帝，在历史上是绝无仅有的。

达摩一苇渡江
菩提达摩（？—535年），简称达摩，古印度人，为中国禅宗初代祖师，被尊称为"东土第一代祖师""达摩祖师"。南北朝时来到中国，闻听梁武帝信奉佛法，于是至金陵（今江苏南京）与其谈法。由于达摩与梁武帝的佛教理念不合，遂一苇渡江转投北魏的少林寺面壁。相传达摩是《易筋经》的撰写者、少林七十二绝技的创造者，著有《达摩四行观》《达摩悟性论》，是一位拥有诸多神奇传说的人物。

528年

时荥阳未拔,士众皆恐。庆之乃解鞍秣马,宣喻众曰:"我等才有七千,贼众四十余万。今日之事,义不图存,须平其城垒,一鼓悉使登城。"

——《南史·列传第五十一》

白袍将军陈庆之

他并非名将之后,41岁前担任文官,力气难以拉开普通弓弩,骑马射箭更不擅长,完全一副文弱书生的形象。然而就是这样一位中年领兵的儒雅将军,率7000身穿白袍的虎狼之师孤军深入敌境,连战连捷,攻克北魏都城洛阳,造就了一段无可复制的神话。

出身

庶族

形象

南梁著名儒将

带兵时间

525年,时年41岁

主要成就

攻取荥阳、北伐北魏、洛阳守卫战

当时童谣

名师大将莫自牢,
千兵万马避白袍

北魏·陶套衣持剑俑
此俑头戴尖顶盔,身穿无领长衣,外罩长袍,浓眉深目,高鼻耸起,嘴带微笑,颔下胡须梳理整齐。双手持剑而立,是典型的北魏武士形象。

崭露头角

北魏孝昌元年(525年),徐州刺史元法僧叛乱自立,建立"宋"国,不久听说朝廷已调派大军前来征剿,称帝仅半月即决定向南梁投降。徐州历来是军事重镇,况且下辖七郡二十四县,一直试图将南朝势力向北推进的梁武帝萧衍自然不会放过这千载难逢的良机,因此对元法僧的归附表示热烈欢迎,并立即派遣原属北魏宗室的元略会同武威将军陈庆之等人率军前去接应。

这一年陈庆之41岁,却还是初次带兵。尽管他18岁就开始为朝廷效力,但担任的是掌管文书的"主书"一职,闲暇时陪梁武帝下棋,并没有上阵杀敌的机会。在此期间,他散尽钱财招募各方勇士,相信总能等到驰骋沙场的那一天。

元法僧虽然在与北魏前锋部队的作战中侥幸得胜,但终究还是担心朝廷饶不过自己,干脆向新主子南梁上书,请求

听钟鸣

听钟鸣，当知在帝城。
参差定难数，历乱百愁生。
去声悬窈窕，来响急徘徊。
谁怜传漏子，辛苦建章台。
听钟鸣，听听非一所。
怀瑾握瑜空掷去，
攀松折桂谁相许？
昔朋旧爱各东西，
譬如落叶不更齐。
漂漂孤雁何所栖，
依依别鹤夜半啼。
二十有余年，淹留在京域。
听钟鸣，听此何穷极。
窥明镜，罢容色。
云悲海思徒拚抑。

——南朝·萧综

入朝做官，离开这兵家必争之地。梁武帝同意，派儿子豫章王萧综前来接管徐州事务。

这一次，陈庆之被授予宣猛将军的头衔，负责护送萧综北上。没想到萧综突然投降北魏，六神无主的梁军顿时溃败，只有陈庆之且战且退，所辖部队全部安然返回，并因此声名鹊起。

千里北伐

南梁大通二年（528年），北魏北海王元颢因为权臣尔朱荣大肆屠杀皇室而归顺南朝，并向梁武帝请求出兵帮助其北上争夺皇位。陈庆之再次奉命予以护送，但这次任务显得十分艰巨——将北魏皇帝取而代之，意味着要进入敌国都城洛阳，不仅路途遥远，而且险关重重，随时会遭遇敌方重兵围剿。或许梁武帝自己对此次行动都没有多少信心，给予陈庆之的兵力只有7000身穿白袍的江淮子弟，没有援军和后勤补给。

得知叛逃南朝的元颢回来夺权，本来就已经因为各地叛乱忙得焦头烂额的北魏朝廷随即就当前局势展开了讨论：柱国大将军尔朱荣正在河北与葛荣的30万起义军展开激战，肯定是来不及赶回了；此时邢杲又在青州一带发动了流民起义，不到一个月时间就发展到10余万人。元颢和邢杲，究竟该集中兵力先对付哪一个呢？

大臣们一致认为，元颢所带领的南梁军队只有区区7000人马，而且孤军深入，后继无援，

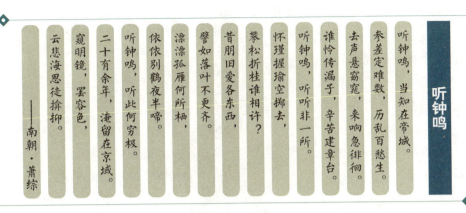

北魏·彩绘陶铠甲骑兵俑

铠马骑俑是北朝新出现的具有较强战斗力的兵种，骑士头戴兜鍪，身穿铠甲，腿裹甲裙，战马则周身披铠，唯露五官与尾、腿，鞍辔齐全，在北朝的后周、西魏、东魏、北齐墓中都有这种铠马骑俑的出现。它真实地记录了少数民族内徙、汉化的进程和给中原带来的粗犷豪爽气息。

不足为虑;而邢杲的势力发展太快,必须考虑镇压。唯独薛琡的看法与众不同:"邢杲的部众虽然多,但大多是鼠目寸光的无能之辈,没什么大志向,危害其实并不严重。反倒是元颢,他与现任皇帝元子攸是堂兄弟关系,一旦起兵夺位,形势很难预测,应该首先对付。"但这个声音很快就被淹没在众人的一片反对声中。北魏最终决定,由上党王元天穆率大军讨伐邢杲,等成功平叛之后再回师攻击元颢。这个错误决定导致洛阳以南地区兵力空虚,给陈庆之留下了机会。

7000白袍军以极其轻微的代价迅速攻克荥城(今河南商丘东)、梁国(今河南商丘),在考城(今河南民权东北)全歼北魏济阴王元晖业的2万羽林军。面对异常坚固的荥阳城及7万精锐魏军的防御,梁军迟迟不能攻克,伤亡达到500人——这对一支人数本就不多的部队而言,已经是很大的损失了。此时,上党王元天穆派遣的1.4万援军也即将火速赶到,陈庆之面临腹背受敌的危险。

眼见部下面露不安,陈庆之镇定自若地解下马鞍,将坐骑喂饱之后,这才慷慨激昂地激励说:"我们能从南方走到这里,攻城略地无数,双手无不沾满敌军的鲜血,倘若被敌军抓到,绝对不会有命活着!眼下敌众我寡,已经没

北魏·彩绘陶文吏俑
此俑头戴小冠,长袍及地,衣袖博大,一副清秀超俗、潇洒不群的形象。容貌秀雅,温良恭谨,具备北朝艺术的特征。

有任何退路了!我们的步兵不能和敌人的骑兵在平原上交锋,否则必败无疑,因此只有尽快攻破眼前的壁垒,才能避免被敌人消灭的命运。努力吧,将士们!"他亲自擂鼓,号令全军攻城,结果只用了一通鼓,梁军便登上荥阳城墙,生擒守将杨昱。

刚一入城,元天穆派来的援军便已兵临城下。陈庆之率3000精锐骑兵不顾疲劳再次发动凶猛冲锋。远道而来、同样疲惫不堪的魏军从未见过如此拼命搏杀的虎狼之师,顿时被打得落花流水,主帅鲁安当场投降,尔朱吐没儿独自逃跑。

白袍军乘胜进攻虎牢,尔朱世隆不战而逃。到了这时,失去重重防卫屏障的洛阳已是一座孤城。孝庄帝元子攸主动避其锋芒,打着"北巡"的旗号连夜出逃,向北进入山西,打算投奔身在并州的尔朱荣。回师救援路上的元天穆,听说洛阳已经失陷,就追孝庄帝去了。

五月二十五日,之前已在睢阳城南称帝的元颢在7000白袍军的簇拥下堂而皇之地进入洛阳,改元建武,册封陈庆之为车骑大将军。

悲惨结局

两个月后,顺利平定葛荣叛乱、能征善战的尔朱荣带着孝庄帝、元天穆和30万大军,气势汹汹地直扑洛阳。

洛阳城内的元颢却做着叛梁而自立的打算,不但拒绝南梁派遣援军,在部署时还特意将防守任务艰巨的黄河北岸交给了陈庆之部队,自己则选择安全系数更高的南岸。

为了守卫这条交通要道,桥的南北两端各建有一座据点派兵驻守,南岸为河阳南城,北岸为北中郎城。从山西赶来的尔朱荣要通过黄河就必然要先进攻北岸。而且,参加此次反击的魏军属于绝对主力,战斗力强悍,而阵营中的将领也不胜枚举,包括宇文泰、高欢、侯景、贺拔胜、贺拔岳、赵贵、独孤信等许多后来赫赫有名的人物。

陈庆之部队面临着空前严峻的考验。然而就在小小的北中郎城,兵力悬殊的两军3天内激战11场,反而是数十倍于梁军的魏军被打得灰头土脸,伤亡惨重。尔朱荣对梁军的顽强抵抗头痛不已,打算以缺少船只、时值盛夏需要避暑为由暂且退兵,以后再从长计议。后来还是采用杨侃的计谋,绕过北中城,秘密通过渡船和临时打造的竹筏将几百名精锐骑兵运送过河,对驻守南岸的元颢部队发动突袭。形同虚设的南岸防线在顷刻间土崩瓦解,元颢仓皇出逃,很快在临颍被杀。

只剩5000兵力的江淮子弟得知信息,无不痛心疾首,只好结成战阵有序撤退。在退到嵩高(今河南登封北)一带时,突然遭遇河水暴涨、山洪暴发,这支有着传奇经历的白袍军瞬间被冲得无影无踪。陈庆之本人幸免于难,乔装打扮成和尚,只身逃回了南梁。萧衍并没有怪罪这位全军覆没的将领,反而提拔他为右卫将军,封永兴侯。

对陈庆之和7000白袍军而言,从铚县至洛阳,行程3000余里,大小47战,所向披靡,北魏32城攻无不克,尽管有一些幸运因素存在,但无论是其犀利无比的攻击还是铁血防御的顽强,无不表现出传奇般的神勇,成就了一段神话。

北魏·铜牛车
这套牛车由牛、轭、长辕双轮车厢组合而成。拉车的黄牛身躯壮硕,头上套有络具,颈上有轭,轭两侧各有半圆形环扣接车辕。车厢为长方形,后开门,前厢板上铸出直棂窗格。厢顶覆篷盖,前后出檐于车厢。双轮做圆形16辐。此式铜牛车,目前发现仅此一例。

> 534年

及自洛阳还，倾产以结客。亲故怪问之，答曰："吾至洛阳，宿卫羽林相率焚领军张彝宅，朝廷惧其乱而不问，为政若此，事可知也。财物岂可常守邪？"

——《北史·齐本纪上第六》

北魏分裂

残酷乱世，丧尽人伦，再也没有亲情的父子、叔侄及猜忌彼此的君臣之间，时刻沸腾着仇恨，高扬着屠刀，在鲜血染红的眼睛里，坚信人生不过就是一场杀戮。

时间
534年

标志性事件
北魏孝庄帝杀死权臣尔朱荣，引发北魏大乱

结果
高欢于是在邺城拥立元善见为皇帝，是为东魏；
宇文泰在长安立元宝炬为皇帝，是为西魏

关键人物
权臣高欢

北魏·彩绘陶持盾俑
此俑身材魁伟，瞠目决眦，鼻梁高耸，嘴角下撇，面目狰狞。头戴平顶盔，身穿圆领窄袖长衣，外罩铠甲，右臂曲举，手握拳，有孔眼，左手扶在盾牌之上。头盔和铠甲饰红色，颜色鲜明，是典型的北魏武士形象。

权臣尔朱荣之死

经过孝文帝改革，北魏的国力有了明显增强，北方的民族矛盾也有所缓和。然而迁都洛阳造成的政治、军事重心南移，也使其发迹之地——以平城为中心的代北地区因为鞭长莫及而逐渐失控。

正光四年（523年），塞北的柔然出现严重饥荒，大汗阿那瓌率兵30万南侵，将北魏六镇的钱粮一掠而空。孝明帝元诩只是简单发放一些粮款来抚恤六镇军民，翌年四月，沃野镇辖区的匈奴人破六韩拔陵带领部下强行抢夺官府的粮仓，以解决温饱，他们杀死镇都大将，宣布起义。其余边镇的军民纷纷响应，北魏政权顿时陷入风雨飘摇之中。这时出现了一个注定要影响历史的人物，他拥有卓越的军事天赋，只用两年时间便剿灭各地所有叛乱。这就是一代权臣尔朱荣。

尔朱荣是契胡人，历代祖先一直担任部落酋长，长期居住在尔朱川（今山西北部）这个地方，因此以居住地作为

高欢归晋阳图卷

现代董天昊绘。此卷以北魏历史故事"高欢归晋阳"为主题,人物以线条勾勒为主,间以淡墨晕染增强质感。北魏末期,晋阳城成为尔朱氏和高氏遥控朝政的"霸府"所在,后成为东魏、北齐的别都和实际政治军事中心,此时晋阳城得到高氏政权大力营建。

姓氏。建义元年(528年),他扶植北魏孝庄帝(元子攸)即位,女儿大尔朱氏又成为孝庄帝的皇后,并随后发动了"河阴之变","沉胡太后及幼主于河",诱骗王公百官2000多人至河阴(今河南孟津),以铁骑包围后全部诛杀,从此完全掌控了朝政。

不甘心做摆设的孝庄帝一心想夺回大权,但他和亲信密谋诛杀尔朱荣的事走漏风声。手下都劝尔朱荣抢先下手废掉皇帝,无奈他太过自信,始终认为孝庄帝根本没有谋害自己的胆量。

永安三年(530年)九月二十五日,孝庄帝伏兵明光殿,声称皇后大尔朱氏生下了太子,派元徽向尔朱荣报喜。尔朱荣非常高兴,仅带了三十多名随从就进宫了,结果当场被孝庄帝所杀。尔朱荣的堂弟尔朱世隆和侄子尔朱兆听说后,由并州出兵洛阳,杀死孝庄帝。可笑的是,一代枭雄的殒命最终换来的只不过是第二个权臣的兴起。

北齐奠基者出场

永安四年(531年),晋州刺史高欢乘机攻入洛阳,扶植元修登基称帝。尔朱兆万万没有想到,曾经显赫一时的尔朱氏家族会被高欢消灭干净。

高欢(496年—547年),本是汉族人,因祖父高谧犯法而被流放到怀朔镇。由于怀朔是北方六镇的咽喉,战略地位十分重要,驻防当地的官兵大多是鲜卑人,时间长了,高欢的生活习俗完全鲜卑化。

北魏正光六年(525年),高欢参加六镇起义。

东魏·石雕佛立像

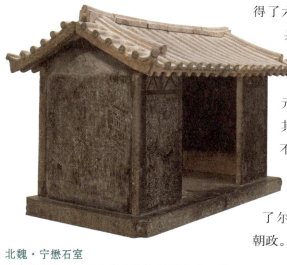

北魏·宁懋石室

河南洛阳出土,刻于孝昌三年(527年)。石室高约1.5米,用石材雕筑成一悬山顶木构形式的房屋,内外壁勾线刻绘画,门外二侧线刻二武将,山墙内外线刻出行、庖厨、孝子故事,室内正壁刻贵族人物画像,每人或回首、或拈莲花或玩鸟,均有一侍女陪同,形态雍容大度,动态刻画细微,是北朝晚期成熟的作品。现藏于美国波士顿美术馆。

后来投奔北方实力最强的军阀葛荣,很快发现其没有逐鹿中原的大志,必定难成大事,转而归附契胡族酋长尔朱荣。

孝昌四年(528年)七月,尔朱荣讨伐葛荣数十万大军,高欢凭借自己曾在葛荣麾下效力的资历,在双方开战前成功招降了敌军7个王和1万多部队,有力支持了尔朱荣的正面决战。这时,葛荣帐下另一员骁将——宇文泰在走投无路之下,通过老交情贺拔岳也投降了尔朱荣,他将是高欢一生都难以战胜的强劲对手。

当尔朱家族兴师动众地找刺杀尔朱荣的孝庄帝报仇时,高欢却选择了保存实力。随后高欢用计从尔朱兆手里取得了六镇统帅的位置,接管了六镇官兵,组建了一支日后称雄天下的主力。

尔朱度律废元晔,立节闵帝元恭后,封高欢为渤海王,并征其入朝。高欢清楚其中有诈,拒不接受。不久之后,高欢在信都起兵,立元朗为帝,正式讨伐尔朱氏。一年之后,高欢击败了尔朱氏,以大丞相身份控制北魏朝政。

遥控东魏,奠基北齐

高欢掌权后不久废黜节闵帝并将其毒死,扶植22岁的平阳王元修即位,即孝武帝,其长女则成为当朝皇后。

北魏永熙三年(534年),无法容忍高欢掌权的孝武帝与之决裂,逃往关中投奔宇文泰。亲自率兵追赶却没能追回皇帝的高欢只好返回洛阳,以元修弃国逃跑为由,宣布废除其皇帝之位,改由清河王元亶之子元善见即位,史称孝静帝,时年11岁。当时元亶自己已经做好了当皇帝的准备,谁知高欢怕他不好控制,为了避免重蹈当年扶植孝武帝的覆辙,最终选择将他的儿子推上帝位。

高欢觉得洛阳距离宇文泰所在的长安太近,南梁也虎视眈眈,陈庆之在稍不留神之际就可以孤军深入,在返回洛阳的10天后决定迁都邺城(今河北临漳)。命令下达后的3天后开始执行,导致40万户居民仓促上路,狼狈不堪地背井离乡。与此同时，洛阳宫殿也被拆掉，建筑材料全部运往邺城重建宫殿，300年锦绣帝都化作一片废墟。迁都邺城后的政权史称东魏。

而原想借力打力的孝武帝元修在年底被宇文泰所杀，宇文泰在长安立元宝炬为皇帝，史称西魏。

高欢并没有待在新都，他早年发现晋阳（今太原西南）一带地理位置优越，四周崇山峻岭易守难攻，是个极好的屯兵之地，于是在那里建起一座大丞相府，长期住在晋阳遥控着东魏朝政，时间长达16年。

东魏武定五年（547年），高欢在家中病逝。临终前他嘱咐儿子高澄，侯景日后必然造反，但只要用慕容绍宗作为统帅就可以成功讨平。后来的史实完全符合高欢的预料。三年后，次子高洋建立北齐，追尊高欢为太祖献武皇帝，后又改为高祖神武皇帝。

北魏·彩漆人物故事屏风
出自北魏琅琊王司马金龙与其妻姬辰的合葬墓。此漆屏风用木板制成，共分上下四层，取材来自刘向《列女传》，是现存北朝文物中难得的精品。

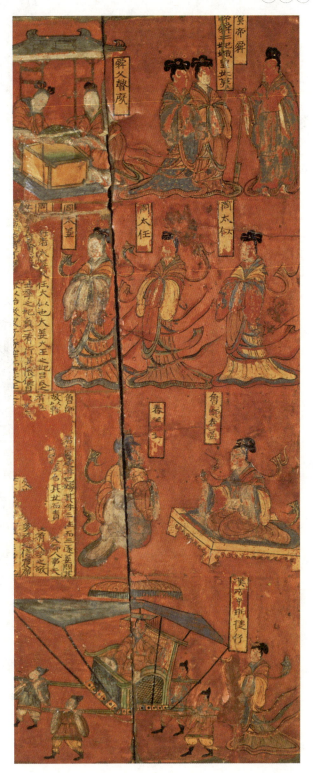

北魏·陶伎乐俑（一组）

这组陶伎乐俑共八个，服饰基本相同，均着无领宽袖长衫，束腰，双腿跪坐，神情专注。而最为独特的是八个俑的发髻各具特色，体现了北魏时期发饰的多样性。俑通体饰以朱彩，原有乐器多所缺失，仅笛、缶、鼓可见。此组俑造型端庄秀丽，反映了北魏皇室贵族"入则歌姬舞女，击竹吹笙，丝管迭奏，连宵尽日"的歌乐场面。

> 535年—556年

> 七月，魏帝以帝前后所上二十四条及十二条新制，方为中兴永式；命尚书苏绰更损益之，总为五卷，班于天下。于是搜简贤才为牧、守、令，习新制而谴焉。数年间，百姓便之。
>
> ——《北史·周本纪上第九》

宇文泰专权

一代权臣的造就离不开时代和环境的因素，乱世提供了野心的展示舞台，也快速催熟了深植于血液中的才能和阴暗面。历史的车轮在不断的杀戮中前进，也孕育着下一个枭雄的出世。

时间

535年—556年

出身

鲜卑宇文部后裔

身份

西魏实际掌权者、北周政权奠基者

主要经历

跟随贺拔岳进入关中，站稳脚跟；
将孝武帝迎入长安，建立西魏；
杀害西魏文帝元宝炬，独断专权；
重用苏绰等人，实施全面改革；
与东魏展开鏖战，最终扭转劣势

西魏·石雕人俑

石俑束发成髻，着宽袖上衣，下着窄裤，面带微笑直立于一石板之上。左手紧握，右手下垂，应为礼仪俑。

立足关陇

与高欢一样，宇文泰也参加过北魏末年的六镇起义，后来跟随父亲和兄长投奔葛荣的起义军。尔朱荣消灭葛荣后，宇文泰凭借自己与尔朱荣部下贺拔岳两家上一代曾有着出生入死的深厚情谊，顺利转入贺拔岳麾下。

永安三年（530年），尔朱荣派尔朱天光为统帅，贺拔岳为副帅，率军镇压万俟丑奴起义，迅速平定关陇地区。宇文泰跟随贺拔岳进入关中，这将是他日后崛起的根基所在。

两年后，高欢攻灭尔朱氏，总揽朝政大权，任命宇文泰辅佐贺拔岳管理关中。心细如丝的宇文泰不但把大小事务处理得滴水不漏，而且聪明地将自己的锋芒隐藏在上司贺拔岳的光辉之下，从未表现出后来的大将风范和霸王气度，因此深得贺拔岳信赖，成为其左右手。慢慢地，他的才能得到贺拔岳手下其他将领的普遍认可，当高欢指使侯莫陈悦在永熙三年（534年）诱杀贺拔岳之后，宇文泰顺利地被众人推举为领袖，继承了贺拔岳的部队和权力。

当他刚刚拥有了雄踞一方的资本时，北魏孝武帝元修却与高欢彻底决裂。大臣王思政向孝武帝建议说："高欢的篡逆之心已是昭然若揭，但洛阳地处平原，易于进攻而难以守御，不如前往地形险要、表里山河的关中，投靠忠于朝廷的宇文泰，凭借他的力量与高欢抗衡。"而部将于谨也劝宇文泰向皇帝上书，主动请求迁都关中，以仿效当年曹操挟天子以令诸侯的举动。宇文泰乐于接受，故而将高欢试图与自己交好的书信一一封存起来如数交给孝武帝，以昭示自己忠于王室的心迹，从而赢得朝廷上下一片赞誉和支持。

可到了皇帝下令集合全国兵力讨伐权臣高欢时，宇文泰却以目前正集中精力消灭侯莫陈悦、为死去的贺拔岳报仇为借口，婉言拒绝派出大军支援。他

西魏·汉白玉雕佛造像

先派梁御率5000步骑驻军黄河、渭水合流处，远远地作为声援，其后又命令骆超、李贤先后带1000骑兵赶赴洛阳响应天子号召，整个过程雷声大雨点小，没有实质性的出兵。

高欢大军进逼洛阳，孝武帝自知不敌，一路风餐露宿前往关中。宇文泰将其迎到长安，自己则获得了大将军、

西魏八柱国

人名	生卒年月	出身	主要成就
宇文泰	507年—556年	鲜卑族，号宇文部	奠定北周政权，创立府兵制
元欣	生卒年不详	北魏宗室，魏节闵帝之兄	治州有方
李虎	？—551年	十六国时期西凉开国君主李暠（一作李皓）五世孙	征讨灵州（宁夏灵武县北）刺史曹泥之乱，参与破高欢的沙苑之战
李弼	494年—557年	汉人庶族	征讨万俟丑奴，平定北稽胡反叛
赵贵	？—557年	汉人庶族	收复弘农、攻克沙苑
于谨	493年—568年	汉人庶族	克弘农，攻沙苑、战邙山，杀梁帝
独孤信	502年—557年	鲜卑部落大人之后	镇守陇右近十年，治绩突出
侯莫陈崇	514年—563年	北魏拓跋氏别支部落首领之后	收复弘农、攻克沙苑

大丞相的身份，成功总揽朝政。

后来高欢另立孝静帝元善见，迁都于邺，建立东魏。时隔两月后，宇文泰果断下手毒死孝武帝，将元宝炬推上帝位，以长安为国都，建立西魏。北魏正式一分为二。此后20年间，宇文泰牢牢掌控着西魏政权。

重用苏绰

大统十七年（551年），西魏文帝元宝炬驾崩，太子元钦继位。元烈等宗室成员不甘心大权旁落，阴谋发动政变刺杀宇文泰，结果因计划泄露而被杀。元钦也在三年后因为同情元烈之死、继续图谋诛杀宇文泰而被害死，已经恢复拓跋姓氏的弟弟、齐王拓跋廓继承了帝位，但皇帝从此只剩下空名，宇文氏取而代之只是时间问题了。

西魏立国后，面临的形势极为严峻：当时天下三分，东有高欢大军压境，南有萧梁不时挑衅。尤其是东、西两魏的力量对比十分悬殊，东魏地广国富，兵强马壮，高欢能调动的军队不下20万；西魏却地小国贫，宇文泰直接掌控的军队不过区区3万人。

大统元年（535年），宇文泰命令各级衙门机构认真总结和吸取古往今来的治国经验，制定并颁行了24条新规，力求君臣齐力，除旧布新。有个汉族士人在宇文泰主持的改革中扮演了极为关键的角色，就是一代奇才苏绰。

苏绰（498年—546年）自幼好学，博览群书，尤其擅长算术，经堂兄苏让举荐，进入朝廷供职。在他入职的头一年，还没有机会直接接触宇文泰，但各部门官员已经络绎不绝地前来拜访，凡是他们疑难不决的事，总能在苏绰这里得到意想不到的完美解决方案。

有一天，宇文泰和王公大臣前往昆明池捕鱼游玩，走到城西的汉代仓库遗址，他环顾左右，询问是否有人知道此地的历史典故，没有人能答得出来。有大臣说，苏绰见多识广，不如请他过来问问。苏绰将遗址的历史娓娓道来，宇文泰十分满意，又进一步询问历代著名遗迹，苏绰也对答如流。两人并马前行，缓缓走到昆明池尚且意犹未尽，完全忘了此行的目的，当即折返。

宇文泰把苏绰请到府上，虚心请教治国之道，本来躺着的他听到紧要处不由自主地起身端坐，身体不断前倾，向对方靠近。就这样，两人促膝长谈直到天亮，丝毫不觉得疲倦。第二天，宇文泰感慨地说："苏绰果真是个不可多得的奇才，我打算重用他，让他来主持国家的全面改革。"

奠基北齐

大统七年（541年），宇文泰正式颁布由苏绰起草的6条法令："先治心，敦教化，尽地利，擢贤良，恤狱讼，均赋役。"不久又在大统元年（535年）颁布的24条新制度基础上增加12条，合计36条。这些改革涉及军事、政治、经济、文化各个方面，体系庞大且环环相扣，有条不紊地铺开实施。

政治上，奉行以德治教化为主、法治为辅的统治方针，不但要求各级官吏用儒家学说修身律己，还大力向人民灌输孝悌、仁义，以稳定社会秩序。用人方面，勇于打破士族门阀传统，唯贤是举，哪怕出身微贱也可以官居高位。法律不避权贵，官吏犯法与庶民同罪，即使身份贵如宇文泰的内兄、秦州刺史王世超，也因肆意妄为、无视法度而被赐死。从此，北魏的吏治得到明显改善，政治清明。

根据儒家先富后教的理念，宇文泰在经济上恢复当时已经遭到破坏和荒废的均田制，使丧失土地、流落他乡的农民重新回归田间。他还明确规定州县长官在发展农业生产方面的职责，农耕时节必须督促百姓下地劳动，奖励勤于耕织的农民家庭，对游手好闲之人一律严厉处罚。

为了扩大兵源、提高战斗力，大力改革军队，逐步建立起府兵制。大统九年（543年）二月，西魏在邙山之战中大败，士卒损失6万余人，关陇地区的鲜卑族人数有限，不可能在短时间内补充大量兵力。宇文泰宣布征募当地豪强地主的私人武装，开始从汉族中吸收兵员，并由政府选择当地有名望的人物担任统领。这样，既有效补充了部队，也趁机削弱了地方势力。在指挥系统上，宇文泰册封八位柱国大将军：宇文泰、元欣、赵贵、李虎、李弼、于谨、独孤信、侯莫陈崇，后六位实际统领军队，每人下辖两个大将军，大将军之下有两个开府，每个开府各领一军，人数约2000人，共24军。

这些改革措施不仅使西魏转弱为强，而且奠定了后来北周王朝的实力基础，府兵制、选官制度甚至开隋、唐政治之先河，对后世有着极为深远的影响。

西魏恭帝三年（556年），宇文泰在北巡途中染病，自知时日无多的他派人紧急请侄儿宇文护连夜赶到泾州（今甘肃泾川），语重心长地嘱咐道："我的几个儿子都还年幼，以后国家大事都由你来决定，务必努力完成我未竟的事业。"同年十月宇文泰在云阳（今陕西泾阳）去世，享年50岁。儿子宇文觉先是继承了父亲太师之位，第二年便称帝建立北周，西魏就此灭亡。

西魏·石雕一佛二弟子造像碑

535年—554年

乃于战所,准当时兵士,人种树一株,以旌武功。李弼等十二将亦进爵增邑。

——《周书·文帝下》

两魏鏖战

又气又急的高敖曹拔刀劈砍城门。这时,尾随而来的追兵已经赶到身后。自知难免一死的他高昂着头颅喊道:"来吧!送你一个开国公的爵位!"追兵毫不客气地砍下他的脑袋,扬长离去。回到西魏后,果然获得了一万匹绸缎的丰厚赏赐,朝廷分若干年逐步付清,然而直至43年后北周灭亡,这个赏赐都还没有发放完毕。

战争目的
争霸北方,试图完成统一

双方指挥官
东魏:高欢
西魏:宇文泰

主要将领
东魏:高敖曹、斛律金、侯景等
西魏:李虎、李弼、赵贵、侯莫陈崇等

重要战役
小关之战、沙苑之战、河桥之战、邙山之战、玉璧之战

小关之战

自从北魏分裂以来,高欢一直想凭借东魏的强大实力消灭宇文泰,东、西两魏之间的战争从来没有停止过,直至各自被北齐、北周所取代。

西魏大统元年(535年),高欢率大军建造三座浮桥,准备在蒲坂抢渡黄河。第一次东西魏大战拉开序幕。

宇文泰在冷静分析形势后认定:高欢虽然在我军正面,但声势浩大地搭建浮桥只是虚张声势,试图吸引我军注意,其实是为窦泰从西面快速进军、偷袭潼关赢得时间。一旦窦泰得手,敌军就可以实现两面夹击,我方必将陷入危局。因此我军必须集中兵力击退窦泰,对面的高欢也就不战而退。

南北朝·青瓷羊形插座
羊呈卧姿,仰首面含微笑,二目炯炯有神,弯曲的双角、后摆的双耳则给人以动态美。体态丰满,不失优雅,四肢似蹲似立,尾巴紧贴臀部。羊头顶部有一小孔,可以用来插蜡烛。此羊形插座通体施青釉,釉色莹润,造型惟妙惟肖,给人展示了一只温顺活泼的羊的形象,是一件实用与美观巧妙结合的工艺品。现藏于美国纽约大都会艺术博物馆。

其他将领都认为高欢近在眼前,不得不防,掉头先打窦泰过于冒险,万一在判断敌方意图上出了差错,很可能导致全军覆没。

宇文泰不为所动,坚持自己的判断,派出精锐骑兵迅速抵达潼关之左的小关。猝不及防且性急冲动的窦泰立刻前来应战,结果兵败自杀。此时黄河尚未彻底封冻,高欢的兵马辎重无法过河,只好毁掉尚未修建完成的浮桥,然后黯然撤军。

西魏军趁势追击,负责殿后的东魏大将薛孤延仅一场战斗就砍坏了十五把钢刀,可见战事异常惨烈。双方第一次交手以高欢的失败而告终。

高欢屡屡失误

两年后,高欢再次率兵20万讨伐西魏。由于关中旱灾严重,可怜的宇文泰带着不到1万兵力在恒农谷仓休整了50多天,才让饿得皮包骨头的将士缓过劲来,经过急行军赶到沙苑(今陕西大荔)与东魏大军展开对峙。

由于敌我力量悬殊,部将李弼建议,为了避免在不利的辽阔平原交战,可在十里外洛、渭两水交汇的沼泽地设下埋伏,利用那里长满芦苇、便于隐蔽的地形发动突袭。宇文泰觉得可行,于是命令将士偃旗息鼓,埋伏在芦苇丛中,到时只要听见战鼓声响起,立即一齐冲出。

高欢的部下也不是吃素的,斛律羌举就曾建议故意拖住西魏主力,再暗中派精兵突袭长安,等一举端掉敌军老巢,如丧家之犬的宇文泰必定手到擒来。高欢也听说渭曲一带芦苇丛生,于是灵机一动,向部下询问:"放把大火把敌军统统烧死,这个计谋如何?"大将侯景却说:"那还不如生擒宇文泰,以向天下昭示大王您的神武。要是他被烧成了一具焦炭,谁还会相信我们真的取得了大捷呢。"

东魏·赵俊兴造一佛二菩萨造像碑

这件造像碑呈圭形,正面开龛,浮雕一佛二菩萨。主尊结跏趺坐姿,左右手分别结施与印和施无畏印。面形长圆,脖颈细长,头部有莲瓣装饰的头光。身着双领下垂式袈裟,袈裟下摆悬于左肘,衣纹呈阶梯式分布,颇具装饰性。二菩萨立于仰莲座上,头戴花冠,身着长裙,胸前饰交叉式璎珞。整体风格体现了东魏佛像承前启后的鲜明特点。

就在高欢踌躇不决之间,彭乐大声嚷嚷道:"我们人多势众,还怕打不了胜仗吗?"东魏军队最终以最普通的战斗方式展开进攻。眼见敌军寥寥无几,他们个个贪功冒进,应有的战斗队形也变得散乱不堪。大意轻敌的他们被引诱到了茫无边际的芦苇滩中,遭到早已埋伏好的西魏军队奋勇冲杀,8万多人被歼灭,高欢仅带领少数亲信随从逃离战场。

西魏大统四年(538年),暂时处于西魏掌控下的洛阳金墉城遭到东魏大将侯景、高敖曹重兵包围。宇文泰闻讯后率军驰援,侯景连夜撤围北返。自恃

西魏·莫高窟五百强盗成佛图壁画
《五百强盗成佛图》是西魏285窟主室南壁上部的佛教壁画,或称"五百强盗成佛因缘",又称"得眼林故事"。该壁画图依据《大般涅槃经·梵行品》绘制,形象地宣传佛教理义,具有向善与劝诫寓意。

奋勇的宇文泰孤军追击,结果在河桥被团团包围。由于流矢射中坐骑,宇文泰被狠狠摔到地上,敌方士兵趁势涌了上来。

千钧一发之际,部将李穆及时赶到,用马鞭抽打趴在地上的宇文泰,大声叫骂:"你这个糊涂虫,怎么一个人在这里,你的长官都跑到哪儿去了?"追击的东魏士兵从李穆的口气判断刚才落马的只是个小喽啰,顿时一哄而散,转头追杀其他达官贵人去了。李穆赶紧搀扶宇文泰上马,两人双双逃离战场。

安全返回长安后,宇文泰大大封赏了恩人李穆,赐予他免死铁券。鉴于李穆当时是骑着一匹青骢马把自己救起,宇文泰还特意下令将长安城内所有这种颜色的马全部赏赐给他。

高敖曹是东魏名将,善用马槊,勇猛无敌,被誉为项羽再世。素来不

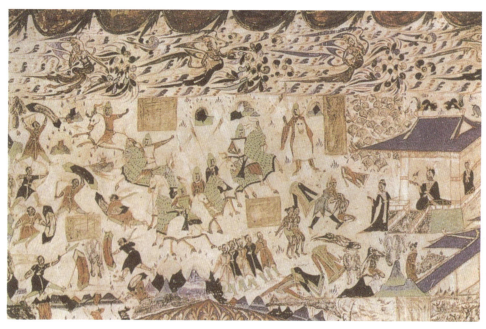

把宇文泰放在眼里的他在这次战役中特地命人高调地竖起写有将领姓名、品级的旌旗和显示身份贵重的伞盖，果然招致西魏集中兵力进攻，结果全军覆没，自己单枪匹马逃到河阳城。

在城头观战的河阳太守高永乐与他素有恩怨，仗着自己是高欢堂叔的身份，愣是紧闭城门不放高敖曹进城避难。即使高敖曹退而求其次，只要求放下一根绳子让自己攀上城墙，高永乐也丝毫不予理睬。

结果高敖曹被西魏追兵在河阳城门外斩首。高欢得知其死讯后立即下令将堂叔高永乐狠狠责罚了200军棍。不过，当时他可不曾预料，更加可恨的部下还在后面呢。

两人先后命悬一线

大统九年（543年），两魏第四次大战——邙山之战揭开序幕。战争的导火索是高敖曹的兄长高仲密刚刚就任北豫州刺史，就带着整个辖区投降了西魏。宇文泰亲自率军接应，气急败坏的高欢领兵10万人前来讨伐。

东魏大将彭乐径自率领数千骑兵冲入西魏军营，有人立刻向高欢报告说，彭乐临阵叛逃。高欢气得直跺脚："这个小人，反复无常，真是可恨！"谁知不久，彭乐派来使者告捷，声称俘获西魏临洮王元東等五个王公及高级将领48人。高欢大喜，急忙下令乘胜追击，专门派彭乐负责追杀宇文泰。

眼看就要被抓，狼狈逃窜的宇文泰一边骑马狂奔一边回头哀求饶命："这不是大名鼎鼎的彭乐将军吗？请你好好想想，要是今天你杀了我，明天你还有存在的必要吗？干吗不赶快掉头回去，把我丢下的金银珠宝全部拿走呢？"

就在那一瞬间，彭乐似乎想起历史上一系列留敌自重的案例和鸟尽弓藏的悲剧，登时心慈手软，满载金银回去复命了。

高欢暴跳如雷，亲自上前抓住彭乐的脑袋朝地上猛磕。他抽出佩刀，一连几次都高高扬起，恨不得当场砍下这关键时刻不争气的将领的脑袋，但权衡再三，还是强忍怒火没有下手。转而命人拿来3000匹绢重重地压在彭乐背上，这既是对其作战勇敢的隆重赏赐，也算作将宇文泰放虎归山的狠狠惩罚。

彭乐像

彭乐（？—551年），魏安定人，武定七年（549年），彭乐从并州刺史升任司徒。高洋即位后，改任太尉，封陈留王。

转眼到了第二天，宇文泰指挥几万残兵直奔高欢而来。猝不及防的东魏军大败，步兵全部被俘，这一回该高欢仓皇逃命了。由于坐骑因中箭而倒地不起，他匆忙跨上部将赫连阳顺让出来的战马，随即慌不择路地逃命，身后只有7名随从掩护。

宇文泰招集3000敢死队，由贺拔胜率领，以追杀高欢为唯一目标。每次想起弟弟贺拔岳是被高欢指使侯莫陈悦害死的，贺拔胜都恨得咬牙切齿。这一次有机会手刃仇敌，他连续追了好几里路，手中的长矛好几次都差点碰到高欢的身体，却总是差之毫厘。他愤恨地大吼："贺六浑（高欢的字），今天我一定要宰了你！"就在此时，他的坐骑被高欢的随从一箭射中，看着仇敌夺路而逃迅速远去，贺拔胜仰天长叹："今天竟然没带弓箭，实在是天意不让我报仇雪恨啊！"

战后回到邺城的高欢立即下令把贺拔胜留在东魏的几个儿子全部杀死，贺拔胜听说后被活活气死。

西魏扭转劣势

两魏之间分别围绕小关、沙苑、河桥、邙山、玉璧展开了五次大战，往往是实力占优的东魏主动攻击，西魏处于守势，且一度被对方攻入腹地，宇文泰几次侥幸捡回一条性命。但高欢在占尽优势的情况下屡屡浪费良机，甚至犯下致命失误，最终付出了惨痛代价——战争的天平慢慢向东魏倾斜，两国逐渐形成势均力敌的格局。

大统十二年（546年），年过五旬的高欢再次指挥10万大军围攻西魏位于汾河下游的重要据点——玉璧（今山西稷县）。负责守城的是西魏名将、并州刺史韦孝宽，他的部下只有数千人。

东魏将士昼夜攻城，一刻不停，尝试了断绝水源、借助土山凭高冲城、挖地道、火攻等各种战术，苦攻50多日，直至瘟疫爆发，战死病死者多达7万余人，也始终不能攻克。玉璧久攻不下，军队损失惨重，高欢在又气又急之下一病不起，被迫解围撤退。回师途中，军中讹传高丞相被韦孝宽的大弩射杀，一时间人心惶惶。为了稳定军心，高欢不顾病重公开露面，在露天大营召集诸将宴饮，与将士们一起唱《敕勒歌》："敕勒川，阴山下。天似穹庐，笼盖四野。天苍苍，野茫茫。风吹草低见牛羊。"想起曾经的故乡和骑射游牧生活，情到深处的他忍不住潸然泪下。次年正月初一，高欢病死。

自此，西魏扭转了劣势，开始在战争中居于主动。后来，宇文泰又趁着南梁在侯景之乱中的混乱和衰落而夺得汉东、益州、襄阳等地，控制了长江上游和汉水流域。恭帝元年（554年）宇文泰命于谨、宇文护等人率军5万人攻陷江陵，处死梁元帝，将10万百姓俘虏至关中，疆域扩展到今四川、湖北一带。这一系列的胜利使西魏成为当时三国中最具实力统一中国的政权。

东魏·一佛二菩萨像

主尊释迦牟尼佛肉髻低平,宽额丰颐,神情和蔼。着褒衣博带式袈裟,右衽式僧祇支,衣纹刻画简略自然。两旁胁侍菩萨中的右胁侍为观音菩萨,左胁侍菩萨为大势至菩萨。佛祖脚下有两狮子托护,中为两化生童子。

548年—552年

七月，景又矫诏自进位相国……十月，景又矫诏自加宇宙大将军、都督六合诸军事，以诏文呈简文。简文大惊曰："将军乃有宇宙之号乎？"

——《南史·列传第七十》

侯景之乱

他时常上演归顺的一幕，却从没有一心效忠的对象。他将梁武帝活活饿死，玩弄萧正德、萧纲、萧栋三个傀儡皇帝于股掌之中，最后又自立为帝。萧绎因为反对他而成了梁元帝，陈霸先有了他做对手才得以脱颖而出、最终开创陈朝，江南的繁华也因为他而毁于一旦。

时间
548年—552年

民族
鲜卑化羯人

建立政权
汉

主要经历
投靠尔朱荣；
尔朱氏被消灭后，归顺高欢；
高欢死后，立即叛离东魏；
鉴于西魏态度冷淡，最终归降南梁；
发动南梁"侯景之乱"；
代梁建汉

独特称号
宇宙大将军

人生结局
尸骨无存

反复无常

高欢临终前向儿子高澄交代后事，对朝中主要大臣和武将一一做了点评，忽然见高澄神色凝重，就打住话头，问道："我虽然病重，可也没你脸上那么多忧虑，你究竟在担心什么呢？"

见儿子沉默不语，又追问说："难不成是害怕侯景反叛？"高澄这才点头回答："是的。"

高欢语重心长地说："侯景在河南经营自己的势力已经有14年了，常有飞扬跋扈的举动，只有我能使用自如，岂是你所能驾驭的！日后能帮你对付侯景的恐怕只有慕容绍宗了。此前我一直刻意压制他，不让其飞黄腾达，目的就是把提拔他的机会留

侯景像
侯景(503年—552年)，字万景，北魏怀朔镇(今内蒙古固阳)鲜卑化羯人，擅长骑射，先后叛东、西魏、梁，其在南梁的叛乱史称"侯景之乱"，称帝（国号为汉）后不久被杀。侯景死后，尸体被分成好几份，被人抢食。

给你。只要你愿意委以重任，慕容绍宗必定会帮助你平定侯景。"后来的事实果然不出高欢所料。

侯景本是羯族人，出生在怀朔镇，深受鲜卑族剽悍尚武之风的影响，尽管因为左足长有肉瘤而行走不便，但还是凭借骁勇好斗、擅长骑射的优势入伍从军，后来参加了六镇起义。

不久侯景率领部队投靠尔朱荣，被任命为先锋。起初，他常向尔朱荣手下一位部将慕容绍宗请教兵法，但没过多久，反而要时时解答对方在军务上的各种疑难了，可见其成长之快。

高欢消灭尔朱家族的势力后，侯景依靠两人都是出身怀朔镇的旧交情投降，于是又得到高欢的重用。但他觉得吏部尚书的职务很不适合自己的习性，每每自言自语："什么时候才能从这破纸堆里摆脱出来呢！"

高欢对侯景为人的反复无常心知肚明，但鉴于强敌宇文泰尚未消灭，眼下正是用人之际，并没有限制侯景发展实力，反而让他拥兵10万，统治河南地区。

沙苑之战中高欢惨败于西魏，侯景拍着胸脯说："宇文泰刚刚打了胜仗，必定骄傲轻敌，疏于防范，请允许我带领数千精锐骑兵突袭关中，将其活

梁武帝像

梁武帝希望借侯景的力量北伐成功，所以接受了他的投降，并给他很高的待遇。在东西魏谈判时，侯景假冒高澄写了一封信，提出以萧渊明交换自己，得知梁武帝接受后，侯景一怒叛梁，最终把梁武帝活活饿死。

捉献给大王。"

高欢的妃子娄昭君听说这件事后，不以为然地说："即使侯景侥幸偷袭得手，但抓到宇文泰之后他也不会回来了，趁机立足关中、割据一方才是他心里打的如意算盘吧。所以消灭宇文泰却使侯景成了下一个宇文泰，这对您有什么好处呢？"高欢最终没有同意侯景的建议。

尽管侯景对自己始终得不到施展机会非常不满，但尚且不敢在高欢在世时肆意妄为。不过他一向看不起年轻的高澄，曾私下对司马子如说："高欢还活着的时候，我自然不敢有什么非分之举；可一旦他过世了，我是不可能跟鲜卑小孩共事的。"吓得司马子如赶紧捂住他的嘴，免得祸从口出。

高澄在父亲病重时曾写信征召侯景前来觐见。可他并不清楚，侯景曾在出镇河南时就与高欢秘密约定："为了防止奸人玩弄诡计、挑拨你我之间的关系，大王要是给远在外地的我传达命令，请务必留下特

殊的标记。"后来高欢每次给侯景写信，都会以细微的笔墨标上记号。这一次，侯景见来信并无暗号，拒绝前往。高欢去世没几天，侯景就背叛了东魏。

首鼠两端

一开始，侯景请求以河南六州之地归附西魏。但冷静谨慎的宇文泰对他心存戒备，一方面派荆州刺史王思政率兵接收侯景所献的土地；另一方面派韦法保、贺兰愿德等人接应侯景，要求侯景到长安入朝做官，试图剥夺其兵权。

自以为聪明的侯景并没有把西魏作为唯一的后路，在向宇文泰请求归顺的同时，他也与南梁联络，表示愿意以十三州土地为代价换来南朝出面保全自己——因为东魏在接到侯景叛乱的情报后，已在第一时间派出韩轨、元柱等人前来围剿。

由于侯景拒绝了宇文泰让他进入长安的要求，西魏召回所有派出接应的人员，断绝了与侯景的联系。别无选择的侯景这才投靠了南梁。

收复中原一直是南朝挥之不去的情结，梁武帝萧衍前几天刚刚梦见平定中原，侯景的降表就送到了建康，加上自从陈庆之死后江南一直缺少名将，于是欣然接纳侯景，完全不顾谢举等大臣认为侯景为人狡诈而表示的反对。

南梁太清元年（547年），得知东魏命令侯景的克星慕容绍宗率军前来平叛，梁武帝派出侄子、贞阳侯萧渊明前去援助，结果在寒山（今江苏铜山）被打得落花流水，萧渊明也被俘。

眼见南朝军队如此不堪，不足以保护自己，侯景只得单独面对慕容绍宗，他派人问道："你是想来送客呢，还是要一决雌雄？"得到的回答是"决战"。两军相持数月，侯景粮草消耗殆尽，干脆骗部下说他们的家人都已被东魏处决，好让众人死心塌地跟随自己撤退到南朝。慕容绍宗则披散头发对着北斗星郑重发誓，保证叛军的家属全都平安无事。不愿南渡的4万甲士一股脑儿地弃械投降，侯景不战而溃，只好率残兵南逃。在侯景鸟尽弓藏道理的劝说下，慕容绍宗有意放了他一马，但收复了侯景献给南梁的所有土地。

如此一来，除了得到侯景这颗不

家室与我何干

东魏武定五年，高澄写信告诉侯景，如果他肯回归东魏，保证能与仍住在邺城的母亲、妻子、儿女们团聚，而且可以终身担任豫州刺史。侯景回信说："从前王陵归附了刘邦，即使母亲被项羽抓去也不肯回头；项羽以杀害其父亲相威胁，刘邦却坦然向对方讨一碗父亲的肉汤来喝。父母尚且如此，何况只是妻儿，那就更无所谓了！反正我的家室全在您手上，您如何处置和我有什么相关啊！"

《梁皇忏》经卷

传为南朝梁武帝萧衍时所制，武帝为雍州刺史时，其妻郗氏性酷妒，亡后化变巨蟒，托梦武帝泣求拯救。武帝为此请僧问诸经，集诸佛菩萨功德愿力，制《慈悲道场忏法》10卷，梁释宝志、宝唱等撰，现行本经元代审订改正后注通。

定时炸弹之外，梁武帝一无所获。很快，他就尝到了收降纳叛的苦果。

为害南梁

东魏收复失地后不久，就向南朝抛出橄榄枝，让身为俘虏的萧渊明亲自写信给梁武帝，声称要是两国重归于好，东魏就会释放自己。梁武帝接信后，想到不幸被俘的侄子，忍不住伤心落泪，寒山之战的惨败也使他清楚地认识到梁军的战斗力之差，不应再抱有收复北方的奢望。

听说两国信使频繁来往并且有意谈判，侯景非常害怕自己会被当作筹码去交换萧渊明，因此多次上书朝廷，请求不要与东魏和好，并且请缨北伐，但均遭驳回。他又写信、送钱给当时最受宠信的大臣朱异，请他出面劝阻梁武帝，不料朱异收了钱却不回信。侯景在失望中迅速产生了怨恨。

为了做最后的测试，他伪造了一封来自魏国的信件，提出用萧渊明交换侯景。梁武帝竟爽快地答应下来，回复说："要是萧渊明早上回到南梁，晚上就可以把侯景给你们送过去。"侯景气愤地告诉左右："我就知道这个老头子薄情寡义！"

再联想到之前自己曾请梁武帝做

《梁简文帝御制集》书影

梁简文帝萧纲，自幼爱好文学，因为特殊的身份，以他的幕僚为主，围绕在他周围形成了一个主张鲜明的文学集团。随着萧纲于中大通三年被立为皇太子，这一集团的文学影响逐步达到登峰造极的地步，公开宣布并倡导文学史上著名的宫体文学，遂成风尚，影响于文学史不止一个时代。

南朝梁·铸钱陶范

媒,求婚于王、谢名门,武帝的回答是:"王、谢两家高门大族不是你可以配得上的,你可以在朱、张这些比较低微的门第找一个心仪的对象。"侯景更加怒不可遏:"我一定要把这些南方佬的闺女全都配给身份最卑贱的奴婢!"

这时,心腹王伟极力鼓动他造反:"如今听天由命也是死,造反不成也是死,大王要好好考虑。"侯景斟酌之后,开始以寿阳为基地密谋叛乱。

经过几个月的准备,侯景以诛杀朱异等奸臣为借口,于太清二年(548年)八月十日正式起兵,揭开了在南朝作乱的序幕。这时,距离他前一年正月十三日宣布脱离东魏、二月十五日归顺南梁,只有一年多的时间。

梁武帝听说叛军只有8000兵力,轻蔑地笑道:"侯景能成什么大事,我用半截赶马的棍子就足以把他揍得满地找牙了!"

没想到侯景有平北将军萧正德作为内应,很快攻破建康的朱雀门,从十月二十五日开始围攻皇宫所在的台城,次年三月十二日占领建康全城。满朝文武官员被杀的达3000人之多,遭到乱兵烧杀抢掠的平民更是不计其数。

萧正德自从侯景到来便与其一同进攻建康,一度被已经自任丞相的侯景拥立为皇帝,改年号"正平"。没想到攻陷台城后,侯景又恢复了梁武帝的皇帝身份,将萧正德降为了大司马。只是短暂过了一把皇帝瘾的萧正德对此颇有怨言,侯景听说后担心他背叛自己,便假借诏令将其杀死。

梁武帝对侯景的所作所为愤愤不平,屡屡拒绝侯景提出的无理要求,最终因为粮食供应断绝而被活活饿死于台城净居殿,享年86岁。

侯景将太子萧纲扶上皇位,是为简文帝。自己不仅娶了美貌的溧阳公主,还自封旷古未有的"宇宙大将军"称号,一时权势熏天。

早在起兵叛乱时,侯景就有心篡位,只是当时江南战争四起,自立为帝的时机还不成熟。没想到时机却越等越不成熟——大宝元年(550年),湘东王萧绎派名将王僧辩展开反攻,交州刺史陈霸先也起兵响应,两军不久实现会合,联手朝建康攻来。侯景在巴陵、江州、鄂州屡次战败,损兵折将,慢慢觉得已经等不到统一南方之后再称帝了。于是他废简文帝为晋安王,扶植梁武帝曾孙、豫章王萧栋登基,然后再逼萧栋把皇位禅让给自己,改国号为汉,建元太始。

"天子理应祭祀七代先祖,所以要建七庙。"手下王伟询问侯景七世祖宗的姓名,以便准备祭祀典礼。

侯景却说:"前几代的事我早就不记得了,只知道我爹叫侯标。而且他早就埋在山西朔州了,哪里还有机会来这儿享用供奉的祭品啊!"

众人听了都忍不住偷笑:侯景属于不注重族谱记录的少数民族,且出身卑微,搜肠刮肚也只记得父亲姓名,祖父的名字乙羽周还是别人帮忙想起来的,再往前追溯更是一脸茫然。无奈之下,王伟帮忙杜撰了四代祖宗的名号,再扯上汉代大司徒侯霸当作始祖,硬生生凑齐了"七庙"。

在经历了种种闹剧之后,侯景的皇帝之位仅维持了100多天,便被王僧辩和陈霸先击败,落得尸骨无存。

但"侯景之乱"历时近四年,使南朝蒙受空前浩劫,号称富庶的江南白骨成堆、人迹罕见,梁朝也因此四分五裂、名存实亡。

南朝梁·萧绎·职贡图卷(局部)

又名《番客入朝图》或《王会图》,展现南北朝时期国家间友好往来的繁盛场面,为南朝梁元帝萧绎绘。现存此图为残卷,描绘了12位使者朝贡时的形象,依次为滑国、波斯、百济、龟兹、倭国、狼牙修、邓至、周古柯、呵跋檀、胡密丹、白题及末国的使者。画中人物线条简练遒劲,以高古游丝描为主,间施兰叶描手法。人物形象承袭着魏晋以来富有装饰而谨严的风格,但略欠生动。梁元帝萧绎(508年—554年),字世诚,小名七符,博学善画,尤以肖像画最擅,冠绝一时。

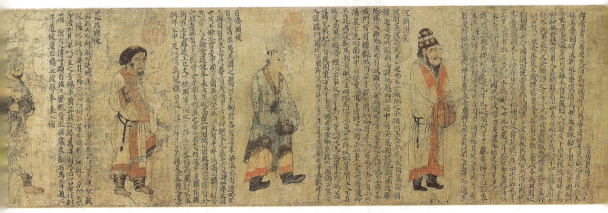

554年—557年

帝雄武多英略，性甚仁爱。及居阿衡，恒崇宽简。雅尚俭素，常膳不过数品。私飨曲宴，皆瓦器蚌盘，看核庶羞，裁令充足，不为虚费。……故能隆功茂德，光于江左云。

——《南史·陈本纪上第九》

陈霸先建陈

高瞻远瞩的陈霸先，军事和政治眼光均超人一筹；每次获得朝廷赏赐都会慷慨分给部下，以爱惜民力、体贴百姓而赢得广泛拥护；即使当了皇帝也还能保持吃苦耐劳的优良作风。如此近乎完美的英雄，怎能不一步步走向成功的巅峰呢？

时间
557年

出身
汉族贫寒之家

主要成就
联合王僧辩平定侯景之乱；
袭杀王僧辩，拥立萧方智为帝；
击败北齐南侵；
消灭叛乱势力，恢复南方安定；
取代南梁，建立陈朝

陈武帝像
陈霸先（503年—559年），字兴国，小字法生，吴兴郡长城县（今浙江长兴）人，原是魏晋南北朝时期南朝梁的著名军事将领。557年接受梁敬帝的禅位，成为南朝陈的开国皇帝。

陈霸先（503年—559年），字兴国，出身低微，年少时胸怀大志、兴趣广泛，尤其爱好打鱼、练武，后来潜心研读兵书，精力从不浪费在发家致富、积蓄财产之上，反因仗义疏财而给人留下慷慨大度的形象。

他的高远志向注定不是一方故土所能羁绊的，南京管油库的小官吏虽然职务卑微，却是他光辉人生的开端，因为他从这里开始慢慢融入南朝政治的中心。梁武帝的侄子、新喻侯萧映便是他在这个时期认识的，对方对其非常器重，曾经评价说："此人前程必定远大。"后来萧映出任广州刺史，陈霸先也被提拔为参军，从此踏上军政之旅。

高要（今广东肇庆）太守是他获得的第一个地方最高长官职务，这里也成为其日后发展壮大的根基。大同十年（544年）陈霸先率3000精兵解除叛军对广州城的重重围困，一战成名。小试牛刀的陈霸先此时已显露

历代帝王图之陈朝四帝像
唐阎立本绘。此图中所绘的陈朝四帝分别为陈宣帝、陈文帝、陈废帝和陈后主，人物造型衣冠颇有南朝特色。

出将略之才，梁武帝还为此特派画师前往广州描摹出陈霸先的画像，以示隆重表彰。次年，他被派往交州（今越南河内东北）作战，经过三年苦战，终于消灭以李贲为首的地方分裂势力，收复交、爱、德、利、明数州，声望更加高涨。

当得胜归来的陈霸先率领本部将士返回高要复职时，已是太清二年（548年），侯景之乱随即爆发。得知台城被围，一心保卫社稷的他立即着手准备前往勤王。由于萧映已经去世，陈霸先此时的顶头上司广州刺史也换成了元景仲。元景仲与侯景都是北魏降将，元景仲正图谋起兵、响应侯景。陈霸先当机立断，首先指挥军队攻击元景仲，迫使其兵败之后自缢身亡。

陈霸先迎立曲江侯萧勃就任广州刺史，谁知萧勃眼睁睁地看着梁武帝在建康被活活饿死也无意北上讨伐侯景，陈霸先只好遣使到江陵，投到梁武帝第七子、湘东王萧绎帐下，奉其命令于大宝元年（550年）正月正式北上。他首先击败奉萧勃之命在南野（今江西南康）阻拦自己北上的蔡路养部队，此后一年半时间围绕南康城与响应侯景叛乱的高州刺史李迁仕展开拉锯战，最终将其斩杀，然后继续进军。

在此期间，王僧辩指挥的西路军因为缺粮而进展缓慢，陈霸先以大局为重，从己方储存的50万石军粮中取出30万石馈赠给对方，自己在西路军中也迅速树立起威信。

大宝三年（552年），王僧辩与陈霸

南朝·铜人蜡烛台架

陈后主玉树新声

出自16世纪《帝鉴图说》。南陈史书上记载：陈后主建的临春、结绮、望仙三座楼阁，每座都高达数十余丈，有数十间房那么宽，其窗户门槛栏板，全用沉香木和紫檀木做成，上面还雕嵌黄金、珠玉、珍珠、翡翠。他们的服装更是瑰丽无比，从来未曾有过。后主每来饮宴，都要请妃嫔、女学士与狎客们，共同吟诗作赋，互赠问答。从中选出艳词丽句，谱上新曲，再选宫女千余名和唱。这些曲调有《玉树后庭花》《临春乐》等，内容都是赞美各位受宠妃嫔的容貌与姿色。君臣酣酒欢歌，经常是通宵达旦。

先在白茅湾（今安徽怀宁）会师，两人正式缔结盟约，一致消灭侯景。大军一路攻克芜湖、姑熟（今安徽当涂），在建康与侯景展开决战，终于彻底消灭侯景势力。

萧绎则在各路将士的拥戴下在江陵登基称帝，史称梁元帝。他在侯景作乱期间曾与西魏订立盟约，表示自愿向西魏称臣。然而萧绎称帝后便与西魏决裂，不仅不再卑躬屈膝，反而理直气壮地要求对方归还之前侵占的南梁领土。

承圣三年（554年），西魏发兵5万突袭江陵，梁元帝被杀，10余万江陵百姓被押运至关中，仅剩一座空城。

王僧辩和陈霸先在建康拥立萧方智为帝，是为梁敬帝。这时北齐文宣帝高洋不甘心西魏势力向南扩张，也插了一脚进来：他声称萧方智年幼无知，而南朝梁正值多事之秋，应该由年长的君主统治才更合理。前些年南梁与西魏寒山之战中被俘的萧渊明乃是梁武帝的亲

侄儿，不仅更为年长，而且政治阅历丰富，强烈推荐他取代萧方智为帝。高洋实际是想通过扶植傀儡皇帝来控制南梁朝政。王僧辩起初理所当然地予以拒绝，但当北齐派兵护送萧渊明过江争夺皇位时，他却因无力抵挡敌军进攻而改变态度，转而同意萧渊明进入建康称帝，萧方智则被改立为太子。

这种面对外来压力卑躬屈膝的行为引起了陈霸先的激烈反对，两人遂走向决裂。陈霸先从京口（今江苏镇江）起兵10万，水陆齐发，攻破建康，擒杀王僧辩，把萧渊明赶下台，重新让萧方智登基。陈霸先则以大都督身份总摄军国大事。

这个时候，南梁形势早已陷入一片混乱：巴蜀被西魏攻取，位于江陵的萧詧在西魏扶植下建立傀儡朝廷西梁（或称后梁），淮南则被北齐侵占，另外，大将王琳在湘州（今湖南长沙）拥兵自重。不惧艰难的陈霸先相继击退了北齐侵扰，扫灭王僧辩余部、萧勃、王琳等叛乱割据势力，努力恢复着江南的安定。

太平二年（557年）十月，权力早已被架空的梁敬帝萧方智最终禅位给陈霸先，南梁灭亡，南陈建立，陈霸先成为陈武帝。

两年后，陈霸先病逝。尽管在位仅有3年，但他选贤任能，使南朝政治清明，局势渐趋稳定。南陈历经四代君主，至祯明三年（589年）隋军攻入建康，末代皇帝陈叔宝被俘，南陈灭亡。

北齐校书图
传为宋临北齐画家杨子华绘，画的是北齐天保七年（556年），文宣帝高洋命樊逊和文士高乾和、马敬德、许散愁、韩同宝、傅怀德、古道子、李汉子、鲍长暄、景孙及梁州主簿王九元、水曹参军周子深等11人，借邢子才、魏收的家藏古籍，刊定国家收藏的《五经》诸史的情景。整个画面反映了北齐对古代文献整理的史实。现藏于美国波士顿博物馆。

550年—577年

邙山之捷，后主谓长恭曰："入阵太深，失利悔无所及。"对曰："家事亲切，不觉遂然。"帝嫌其称家事，遂忌之。……武平四年五月，帝使徐之范饮以毒药。

——《北齐书·列传第三》

北齐王朝

这是历史上最为少见的王朝之一，亲情不存，君臣互轻，残暴、荒唐、任性成为这个28年短命"禽兽王朝"的最佳注解。其帝位更迭之迅速、政治之黑暗、手段之残忍、性情之荒淫，后世再无出其右者。仅有《北齐律》成为这一时期唯一的亮色。

奠基者

东魏权臣高欢；
高洋即将篡位时遇刺身亡

建国时间

550年

历代帝王

文宣帝高洋，31岁因饮酒过度而暴毙；
废帝高殷，在政变中被废，17岁被杀；
孝昭帝高演，27岁因坠马和重病而死；
武成帝高湛，32岁酒色过度导致身亡；
后主高纬，诛杀名将斛律光、兰陵王；
末帝高恒，接受禅位25日后邺城沦陷

将篡未篡时遇刺

东魏武定五年（547年），年方26岁的长子高澄承袭父亲高欢的渤海王爵位并接掌其权力，被孝静帝元善见任命为大丞相。

高澄自幼聪明过人，能言善辩，10岁时独自出马招降名将高敖曹，第二年又以高欢特使的身份两次去洛阳觐见孝武帝元修。后来被高欢叫去谈论时事、政务，每次都能对答如流，并且剖析得丝丝入扣，于是经常参与军国大事的策划。天平三年（536年），15岁的高澄入朝辅政，大力

北齐·青瓷贴花尊

尊口外撇，平唇，长颈，折肩，圆腹下收，高圈足。通体施青釉，呈色黄绿，釉面莹润。颈部中间凸起弦纹三道，颈部下方贴忍冬花图案，中间间隔以连珠纹。肩部饰连珠纹一周。腹部主题纹饰为连珠纹内刻胡人像四个，四个人面均为深目高鼻，阔口微张，大耳垂轮，笑容可掬，是典型的西域男子形象。人面纹之间饰火焰飘带纹、忍冬纹和连珠纹。足胫部起弦纹三道，弦纹下贴忍冬纹一周。此尊造型新颖，纹饰繁缛，多样的西域风格纹饰反映了北齐时期中国对外交流的频繁，是中外文化交流史上的重要见证。

整顿吏治,迅速确立起个人权威。

10年后高欢去世,他顺利接掌东魏政权,随后不断巩固高氏家族的地位,派慕容绍宗击溃起兵叛乱的侯景后,又借侯景在南梁的作乱从中渔利,将两淮地区23州纳入东魏版图,将势力范围拓展到长江沿线。

武定七年(549年),权力已臻巅峰的高澄来到国都邺城,平定孝静帝和保皇派的"叛乱",软禁君主,派人严密监视其一举一动。自以为夺取元氏政权已经板上钉钉的他开始与陈元康、杨愔、崔季舒等心腹在北城东柏堂内秘密谋划威逼皇帝禅让的大事。为了防止机密泄露,府上的大部分侍卫都被借故支开。

这时厨子兰京进来送饭,神经敏感的高澄叫他立即退下,越想越觉得厨子鬼鬼祟祟,好像有意探听秘密,心里登时不快,随口对在座的人说:"我昨夜就梦见这个奴才用刀砍我,看来我得马上把他除掉!"

在外面偷听到这句话的兰京提前实施刺杀行动。他并非胆小鼠辈,而是南梁与名将陈庆之齐名的徐州刺史兰钦之子,在与东魏交战时被俘,来到高澄府中当奴隶。尽管多次请求以重金为自己赎得自由身以便返回南方,但高澄总是不许,后来听得烦了干脆骂骂咧咧:

齐高洋纵酒妄杀
出自16世纪《帝鉴图说》。北朝齐国史书上记载:北齐君主高洋,喝醉酒行为便无所约束,狂暴异常。曾经准备好用来煮杀人的大锅、长锯、铁锉、锥口等刑具,把这些杀人凶器摆在阴森森的宫廷之中。每当他酣醉,就拿它杀人游戏取乐。宰相杨愔,就提前把该杀的死囚准备好,安置在庭中的帐内,叫作供御囚,每当皇帝要杀人时,便把囚犯拉过来,以便应付皇帝行凶杀人之命。

"你再啰唆,我就把你杀了!"

兰京本来就早已暗中联络了6名同党计划刺杀高澄,现在立即将同党叫来,然后将一把短刀藏在盘底,再次进入东柏堂送茶水。

一再被打扰的高澄很不耐烦地叱责说:"我又没叫送东西,你老是闯进来干吗?!"

兰京大喝一声:"我进来杀你!"随即挥刀朝高澄扑来。

北齐·南响堂山石窟号窟极乐世界图

杨愔眼疾手快最先逃命，崔季舒趁乱躲进了厕所，以身体遮挡主公的陈元康被当场刺成重伤，慌不择路的高澄则因为从床上跃下时崴伤了脚而无法逃走，只得钻入床底躲避。兰京的6名同党一同冲进来，掀开大床，将其乱刀砍死。尽管闻讯赶来的弟弟高洋将刺杀者全部斩杀，但兄长高澄早已气绝身亡，年仅29岁。

高洋夺位建齐

高洋是高欢与娄昭君的次子、高澄的亲兄弟。小时候其貌不扬，沉默寡言，但其实大智若愚，富有能力。虽然时常被兄弟开玩笑，却深得父亲赏识。高欢曾对人说："这个儿子的才干和见识甚至超过了我！"

丞相高澄遇刺身亡，由于事出仓促，朝中一片混乱。23岁的高洋挺身而出，他在平叛时表现出的临危不乱以及随后雷厉风行地整顿朝政、大小军务安排得井然有序，令一向对其心存轻视的大臣们立刻心生敬畏，于是混乱的局势迅速得到控制。

北齐·彩绘浮雕四佛塔

也称佛坛，是指安置佛像的坛座，即佛堂内为供奉佛像而造的基坛，或佛堂所安置的佛龛，以及寺院须弥坛的总称。现藏于美国纽约大都会艺术博物馆。

武定八年（550年），身为丞相、齐王的高洋威逼东魏孝静帝禅位给自己，改国号为齐，史称北齐。即位初期，他励精图治，修订法律，注意肃清吏治，赢得了"英雄天子"的美誉。但随着皇权稳固、国家太平，开始由勤勉走向荒淫暴虐，草菅人命。

天保十年（559年），高洋问大臣元韶："光武帝为什么能实现汉朝的中兴呢？"得到的回答是："因为之前的叛乱者没有把刘姓家族斩草除根，才使其有机会重新统治天下啊。"深以为然的他立刻想起大量存在的北魏皇族元氏，觉得这是个巨大隐患，于是下诏将前朝的宗室全部处死，前后杀了721人，连婴儿也不放过。

同年，高洋因为终日酗酒而暴毙，终年31岁，谥号文宣皇帝。

昏君奸臣迭出

后来，北齐又历经废帝高殷、孝昭帝高演、武成帝高湛、后主高纬、幼主高恒六位皇帝，大多昏庸无道，只有孝昭帝称得上德才兼备，可惜即位第二年便因坠马事故受伤，很快病重而死，年仅27岁。

由于政治日益腐败，北齐出现了一大批专权弄事的奸佞小人，其中和士开号称头号奸臣。武成帝高湛特别喜欢玩一种名叫握槊的游戏，和士开对此非常擅长，加之生性乖巧、善于谄媚，还弹得一手好琵琶，因此备受宠信。武成帝恨不得一刻也不离开对方，和士开一旦入宫好几个月都不回家，或者一天数次面见皇帝，刚刚离开又被马上召回，君臣之间没有半点礼节。高湛患有哮喘，体弱多病，名医徐之才一直担任其私人医生随时入宫诊治，只是因为和士开不喜欢，皇帝竟将徐之才贬官外放，以致后来高湛病发时无人救治而死，足见两人关系的异常亲密。

和士开曾劝皇帝："自古帝王的人生结局无不是化为灰土，尧舜和桀纣又有什么两样呢？所以陛下应该趁着年轻力壮时恣意快活，国事吩咐给大臣办理就可以了，您没必要亲自操劳。"高湛非常赞同，从此荒废政务。河清四年（565年）干脆退居二线当了太上皇，从此深居宫中，一味享乐，4年后去世，时年32岁。

齐后主华林纵艺
出自16世纪《帝鉴图说》。北朝齐史上记载：北齐后主高纬是个嬉皮士。当时，闲得无聊的时候，就抱起一把琵琶，弹唱一些自己创作的格调低下感情颓废的歌曲，唱着唱着就暂时忘掉了人生的烦恼，求得片刻的宁静和麻痹。民间百姓都叫他"无愁天子"。高纬也有标新立异的时候，只是没有用在治国安邦的正道上，而是表现在庸俗的制造社会新闻等方面。比如，他在华林园中建立了一个"儿童难民营"，自己经常穿着破衣烂衫，扮作叫花儿的模样，在"儿童难民营"里转来转去，乞食讨饭为乐。

北齐·石雕粟特舞蹈人物供养人棺座

高湛死后，和士开又把对付武成帝的那套手段继续用在后主高纬身上。尽管高纬即位时，腐朽的北齐政权已经风雨飘摇，但他依然自称"无愁天子"，不但任由小人当道，还将名将斛律光、兰陵王相继诛杀，导致北齐失去了抗击北周的得力将领。

武平三年（572年），邺城传唱起一首歌谣："百升飞上天，明月照长安。"善于骑射、人称"落雕都督"的北齐名将斛律光不久便被皇帝以游览东山的名义引诱到宫中杀害。但当士兵以谋反罪前往将军府上抄家时，只得到一些宴饮时游戏用的弓箭刀鞘，除此之外既无武器，也无财产。原来，这只是敌国北周故意制造的谣言：百升为一斛，明月则是斛律光的字，暗喻斛律光有篡位的野心，并且暗地与北周勾结。结果昏庸的北齐后主果然中了离间计，自毁栋梁。而北周武帝在收到斛律光被害的消息后极为高兴，下令大赦天下，后来还在攻入邺城后对众人说："要是斛律光还在为北齐效力，朕岂能到这里来耀武扬威！"

兰陵王高长恭是高澄第四子，骁勇善战，立下汗马功劳。河清三年（564年），北周攻打洛阳，邙山之战爆发。大将军斛律光等人奉命前往洛阳救援，却因惧怕北周兵力强大而畏缩不前。高长恭带500骑兵冲破北周重重包围圈，直抵金墉城下，城中北齐守军不确定全副盔甲的他是敌是友，直到看清他在主动卸下头盔之后的面貌，才派弓箭手放箭保护，直至高长恭成功击退北周军队，缴获大量兵器辎重。高长恭在此战中威名大振，士兵们热情讴歌他，这就是《兰陵王入阵曲》。

高纬在邙山之战后对兰陵王说："这样奋不顾身地冲入敌阵，如果作战失利，可是连后悔都来不及的啊。"高长恭并没有考虑太多，率真的话脱口而出："国事就是咱们高氏的家事，身处战场我不会考虑其他。"皇帝就因为这句话而对他起了怀疑。武平四年（573年），兰陵王怀着悲愤的心情将后主御赐的毒酒一饮而尽，去世时年仅30岁。

两年后，北周武帝宇文邕发动攻灭北齐的战役，于建德六年（577年）攻入邺城，俘虏已经禅位给太子的高纬和时年8岁的幼主高恒，历时28年的北齐宣告灭亡。

北齐·青瓷花口长颈瓶

瓶花口外侈,细长颈,溜肩,鼓腹,平底。通体施绿釉,釉色闪银灰。贴花装饰,颈部贴三个联珠菱形纹。肩部贴三个铺首,每个铺首之间饰联珠乳钉。此壶器型修长,装饰简洁,器型和纹饰均仿自西亚金属器皿,是深受西方风格影响的青瓷制品。

史上最美的北齐壁画

北齐是中国历史上由鲜卑化的汉人高洋建立的政权，国祚短暂，仅历6帝28年，最后为北周所灭。在鼎盛的国力之中，纵情享乐成为一种生活常态，王公大臣们甚至在自己死后的墓室里也留下了大量精美逼真的壁画，无论是人物还是动物，不但栩栩如生地展现了当时鲜明的社会场景和时代特色，也是外来佛教艺术与中国本土艺术融合后产生的第一批成熟的写实人物画，其中以娄叡墓和徐显秀墓的壁画代表了南北朝时期现实题材人物画的最高水平，被人称为"史上最美之墓室壁画"。

《鞍马出行图》局部
1979年出土于山西省太原市娄叡墓，现藏于山西博物院。壁画位于墓道西壁中栏，以长卷式展开，描绘了墓主人坐骑出行，众骑相随的场面。人物和鞍马绘画用笔简洁洗练，婉转流畅，配合彩色晕染，突出了人物的个性。

狩猎图（下图）
2013年发现于山西忻州九原岗，据专家推断墓主人是北齐高氏的核心人物。墓中现存的壁画达200平方米，墓道东西两壁发现的狩猎图达70平方米，是中国境内发现的面积最大的北朝墓葬狩猎图。狩猎图内容丰富，表现的人物、动物都非常生动。

异兽

1987年发掘于河北磁县湾漳村,墓中保存大量壁画和路面彩画,是迄今北朝画迹的最重大发现。墓顶是星象图,墓道两壁分别绘以青龙、白虎为引导的仪仗队列,上方绘有各种神兽和灵鸟。

宴饮图及墓主人出行图(右图)

2002年发现于山西太原王家峰,墓主人是北齐太尉武安王徐显秀。此宴饮图以墓主人夫妇为中心,左右两边为侍从和仪仗,人物大多着胡服,但发式装束上具有鲜明的北方民族特点,脸庞趋于圆润丰腴、长眉细目、鼻梁直挺,充分体现了鲜卑族的形象特征。

> 557年

护既入，如帝所戒，读示太后。未讫，帝以玉珽自后击之，护踣于地。又令宦者何泉以御刀斫之。泉
惶惧，斫不能伤。时卫王直先匿于户内，乃出斩之。

——《周书·列传第三》

宇文护立北周

相对于人称"禽兽王朝"的北齐，北周的帝王显得英明许多，可惜前两任君主即位不久便先后被堂兄宇文护毒死。武帝经过12年的忍辱负重，终于手刃一代权臣，不久又统一北方。继任者无力守护先祖开创的基业，北周最终为后继的隋唐做了一身漂亮的嫁衣。

时间

557年

历代帝王

孝闵帝宇文觉，在位2年被宇文护毒死；
明帝宇文毓，即位第2年被宇文护毒死；
武帝宇文邕，登基12年后诛杀宇文护；
577年灭北齐，统一北方；
宣帝宇文赟，称帝1年后禅位，1年后病死；
静帝宇文阐，登基第2年禅位给隋文帝杨坚

杀皇冠军宇文护

西魏恭帝三年（556年），实际掌权的宇文泰在临死前委托从小追随自己，既能管理家族，又东征西讨立功不小的侄子宇文护接管国家大政，负责辅佐自己年幼的儿子宇文觉。

次年初，宇文护迫使西魏恭帝拓跋廓让出皇位，由堂弟宇文觉继承大统，改国号为"周"，史称北周。被降为宋公的拓跋廓不久就被宇文护找了个理由加以杀害，成为死于宇文护之手的第一位皇帝，而这只是个开始。

年方16岁的宇文觉年纪虽小，性格却刚毅果决，希望把实权从当时担任宰相、封晋国公的堂兄手中夺回。他秘密联络大臣赵贵、独孤信等人，

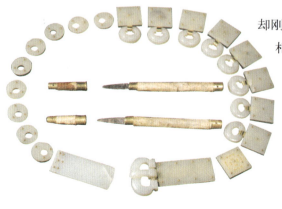

北周·八环蹀躞玉带

白玉，洁白光亮，玉带原由鞢与钉在其上的带铃、偏心孔环、铊尾和带扣以及鞢后所衬的鎏金铜片组成，另有两件悬挂在带环的带鞘刺锥，玉带具以新疆和田上等白玉雕琢。

还招募一批武士在皇宫日夜练习擒拿格斗,计划在宴会上将宇文护一举拿下。

然而政变还没来得及实施,宇文护就接到告密,抢先下手剪除了拥护皇帝的党羽,赵贵被处死,独孤信先是以同谋罪被免职,不久被逼在家中自尽。宇文觉很快也被迫宣布退位,一个月后被宇文护毒死。

由于羽翼尚未丰满,宇文护不敢自立为帝,而是派人到岐州将宇文泰的庶长子宇文毓接到长安继位,史称北周明帝。

宇文毓仁义宽厚,有君子气度,但并不像宇文护想象的那般懦弱无能,在处理事务中反而逐渐显露出主见和才干,逐渐树立起威望。

眼见皇帝大有脱离自己控制的趋势,宇文护变得惊恐不安。为了试探一下对方的心迹和志向,他假惺惺地举行了一次"归政"活动,把除了军权以外的所有权力都交还给皇帝。

谁知宇文毓毫不客气地照单全收,还进一步宣布,此前北周最高统治者不称皇帝而叫天王,不足以彰显号令天下的权威,从今以后自己的名号正式改为"皇帝"。

宇文护彻底害怕了。武成二年(560年)四月,他悄悄命令御厨李安于在明帝的食物中下毒。就这样,宇文护在短短三年时间里,先后杀害西魏恭帝拓跋廓、北周闵帝宇文觉和明帝宇文毓,一举夺得中国历史上弑杀皇帝人数最多的桂冠,堪称"杀皇冠军"。

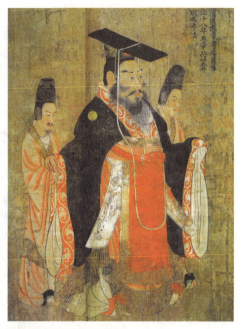

历代帝王图之周武帝像
周武帝宇文邕(543年—578年),宇文泰第四子,即位时,堂兄宇文护专擅朝政。后杀宇文护,开始亲政。多次下诏释放奴婢,禁佛道二教,追僧道还俗,寺院资产入官。建德六年(577年),灭北齐。

由于宇文毓在病危之际口授遗诏,传位给四弟鲁国公宇文邕,宇文护没办法偷梁换柱,只得遵命让宇文邕登基称帝,是为北周武帝。

乱世雄主周武帝

宇文邕此前就与身为兄长的明帝十分亲近,朝廷凡有大事,他经常参与决策。明帝曾对人说:"我这个弟弟性格深沉,如果别人不问,他就不会轻易发表意见;但只要一开金口,就一定能切中要害。"

宇文邕继位后充分吸取了两位兄

长遇害的教训,表面上对堂兄宇文护非常尊敬并且重用,对其专权独断也放任不管。他曾向百官明白宣告:"大冢宰、晋国公宇文护,既是朕的至亲,又是国家栋梁,从今以后所有诏书和公文往来都不准直呼其名,以示朕对堂兄的特殊礼遇。"暗中却在慢慢积聚力量,等待机会发动政变,收回本该属于君王的无上大权。

天和七年(572年)三月十八日,宇文护从同州(今陕西大荔)回到长安。按照惯例,他会入宫到含仁殿拜见太后,太后恩赐坐下说话,皇帝则站在一旁侍候太后。这一次,宇文邕事先告诉堂兄:"太后年事已高,却酷爱喝酒,导致脾气有点反常,时喜时怒,琢磨不定。我多次劝告,她都听不进去。今天兄长进殿拜见的时候请您务必再劝劝太后戒酒,相信她老人家更乐于接受您的劝谏啊。"

宇文护压根没想其中有何阴谋,满口应承,一手接过皇帝从怀中拿出的《酒诰》,入殿后就开始向太后朗读《酒诰》。因为读书而分心的他被宇文邕用玉笏从身后重重一击,立即瘫倒在地。心慌手颤的宦官何泉接连几刀都没有砍中宇文护要害。这时,预先藏在室内的同母弟弟、卫王宇文直冲出来,将宇文护当场杀死。

经过12年的隐忍蓄势,宇文邕终

北周·鎏金银胡瓶
银质,表面鎏金,环形单把,把上方铸一头戴贴发软冠,高鼻深目的人头。颈部有21条竖形凹槽,颈部与腹部相连处有13个凸起的圆珠组成的联珠纹一周。腹部圆鼓,下部逐收,与底座连接束腰处有10个凸起的圆珠组成的联珠纹一周。腹中部打押出6个人物图像,下部剔刀浅刻一周图案,水波中有两只大耳、怒目的怪兽相向追逐一条翻身跃起的鱼。

于除掉权臣,迎来亲政,从此一展胸中抱负。而北周也从持续多年的皇室倾轧中解脱出来,在宇文邕的改革推动下走上强国之路。

诛杀宇文护及其党羽后,宇文邕着手从根源上分化、削弱相当于丞相的大冢宰的权力,以加强皇权。同时取消了兵源上的民族限制,国境内的男子都可以入伍,大大扩充了军队数量,提高了军事实力。

建德二年(573年),宇文邕确定儒、释、道三教的高低先后,以儒家为首,道教次之,佛教最后。第二年,他下诏禁止佛、道二教传播,经书、佛像一律销毁,沙门、道士全部还俗。前后共计300万僧、尼重新归入国家正式户口,承担纳税和服役义务,这个数字相当于当时北方总人口数的十分之一,对于急需兵源和财力的北周来讲,意义不言而喻。

政治清明、经济发展、社会安定,为灭亡北齐奠定了坚实基础。建德四年（575年），宇文邕力排众议，做出统一北方的决定，并亲自统军出征。建德六年（577年）攻占邺城，灭亡北齐。此时，只剩下南陈政权苟安于江南一隅，北周统一北方为后来隋朝统一中国做了铺垫。

宣政元年（578年），宇文邕在亲征突厥途中病倒，返回洛阳的当天就撒手人寰，时年36岁，宣帝宇文赟继位。

杨坚代周建隋

宇文邕生前以严厉闻名，对儿子也一视同仁。由于担心太子宇文赟不能继承大业，对其行为举止的要求格外多。宇文赟爱好饮酒，武帝就禁止一切酒类进入东宫；他的言行举止有专门的官员负责记录，每个月定时向皇帝汇报；他每次犯了过错，都会被父皇棍棒相加，而且时常收到这样的警告："历史上中途被废的太子多如牛毛。要是你不争气，我其他的儿子难道就不能立为太子吗？"

然而如此严厉的教育并没有从根本上改变太子的顽劣本性，宇文赟即位后沉湎于酒色，大兴土木，滥施刑罚，而且一举打破前赵皇帝刘聪创造的"三后并立"的历史记录，同时册立了五位皇后，分别是：天元大皇后杨丽华、天大皇后朱满月、天中大皇后陈月仪、天左大皇后尉迟炽繁和天右大皇后元乐尚。在中国古代，帝王的后宫嫔妃人数众多，成千上万都被视为正常，但作为正妻的皇后却只能有一个。若想再立皇后，除非是皇后死去或者废后另立。宇文赟的五后并立绝对属于特立独行的一大创举。

登基第二年，心血来潮的宇文赟突然宣布传位给年仅7岁的太子宇文阐，自己充任太上皇，自称天元皇帝，对臣下自称"天"，大臣觐见之前必须吃斋三天、沐浴一天，住处则称"天台"。不过，这位太上皇并没有真正退居二线，他仍牢牢掌控着大权，下令为自己在全国范围内大选美女，以充实后宫。一年后宇文赟病逝，时年22岁。

大定元年（581年），北周静帝以丞相杨坚众望所归而宣布禅让，北周灭亡，享国24年。杨坚三次辞让之后接受天命，在临光殿正式即皇帝位，定国号"隋"，改元开皇，隋朝建立——中国历史也即将结束300年之久的南北大分裂时代，进入继秦汉以来又一个国家统一强盛的时期。

北周·彩绘贴金石菩萨像
陕西西安出土。整像为白石雕成，青石台座。菩萨为立姿，高髻束冠，冠中心塑化佛。右手上曲执柳枝，左手下垂握净瓶。身披绕体披帛，佩项饰、璎珞，下着长裙。赤足踏莲座，座前两侧各有一蹲狮，下设方台。

南朝齐梁年间

子良使王融谓之曰:"……以卿之大美,何患不至中书郎?而故乖剌为此,可便毁弃之。"缜大笑曰:"使范缜卖论取官,已至令仆矣,何但中书郎邪?"

——《南史·列传第四十七》

范缜与《神灭论》

南朝名儒刘瓛享有很高的地位和声望,门下大多是锦衣玉食的权贵子弟,但他最得意的学生却是身穿布衣草鞋的范缜——他完全不因出身清寒而自卑自惭,反而因经常发表与众不同的言论而遭到同窗众人的冷落。或许,其敢于逆潮流而动的精神已在这时悄然萌生。

主角
范缜

主要身份
唯物主义思想家、道家代表人物、杰出的无神论者

主要官职
宜都太守、晋安太守、中书郎、国子博士

代表作
《神灭论》

思想主张
形神相即,形质神用;辩证思想,反佛理念

《神灭论》书影
神灭论论战是指梁武帝时代的一场有神论与无神论的辩论。范缜发表了反对佛教因果报应论,主张神(灵魂)灭的言论,又据此进一步写成著名的《神灭论》。

南北朝是佛教大为兴盛的时代,轮回报应的宗教观念充斥着南、北方各个角落。南齐武帝萧赜第二子、竟陵王萧子良就是一位虔诚的信佛者,经常邀请高僧到府上讲经论佛,还亲自打下手、做杂事,丝毫不介意屈尊纡贵;他还同时礼贤纳士,积极结交宾客,门下会聚了以"竟陵八友"为代表的文学名士。在萧子良的影响下,这些名士也大多身为或者后来成为佛门信徒,例如后来的梁武帝萧衍。

唯独一位名叫范缜的门客对佛教思想嗤之以鼻,宣称世上压根就没有灵魂超脱肉体、投胎轮回的事。萧子良十分恼火,决定亲自与其展开辩论,务必把对方说得心服口服。他问:"听说你不相信因果报应,那么你倒是说说,为什么有的人生下来就荣华富贵,有的人一落地就注定了清贫卑贱呢?"

范缜不慌不忙地回答:"这没有什么奇怪的啊。打个比方,不同的人生就好比一片片花瓣,本来都生长在同一株树上,但微风一吹,花瓣随之飘落四方。有的借助风力掠过窗帘,

落在了坐席上面，有的则因为篱笆的遮挡而掉进了粪坑里。"

范缜接着说："落在坐席上的花瓣就如殿下您，显得高贵清雅；掉进粪坑里的，就像我一样卑微贫寒。富贵和贫贱本来就是这么一回事而已，哪里存在什么因果报应呢？"

萧子良内心并不认同，却无法反驳范缜这番有理有据的论证，说服行动失败的他随即发动众多信佛名士轮番上阵，对范缜展开了软硬兼施的辩论，但均纷纷败下阵来。

经历了一次次唇枪舌剑之后，范缜的反佛思想日益成熟，他将自己的观点加以系统的整理和阐述，写出了《神灭论》一书，正式提出"形存神存，形谢神灭"的无神论观点。

他指出，人的精神和形体是互相结合的统一体，形体是精神赖以存在的物质基础，如果身体死亡，灵魂也将不复存在。为了更加形象地说明二者关系，他用刀口和锋利的关系做了极为生动的比喻：正是因为有了刀，才会有锋利的作用，可以用来砍柴、切菜；但是假如没有了刀，"锋利"的作用也就失去了所指的对象。所以，如果丧失了形体，哪里还存在什么精神呢？灵魂超脱、轮回报应都不是真实存在的现象。

之所以如此坚决地反对佛学，是

《弘明集》书影
佛教文集。南朝梁僧祐撰于天监年间。14卷。该书序云："道以人弘，教以文明，弘道明教，故谓之《弘明集》。"所收佛教文论，自东汉末年至南朝梁时。牟子《理惑论》便赖此书得以保存。集子中还有数篇排佛的论著，如范缜《神灭论》等。其中另有作者自撰《弘明论》，意在驳斥非佛疑佛之说。本书价值在其文献性，载文总计183篇，涉及人物122人，为研究中国佛教史的重要材料。

因为范缜认为，提倡和宣传精神不灭会导致人民因为消极悲观而自我麻醉，不积极从事生产，影响粮食产量和国家经济。同时，寺庙还侵占了大量土地，造成许多农民无地可耕、无家可住，而僧尼免交赋税、不服徭役，也会造成兵源短缺、人民负担沉重等社会问题。

天监六年（507年），范缜被调回京师，担任萧子良曾用来利诱他放弃反佛立场的中书郎一职。但此时正值梁武帝萧衍大举倡导佛教、最终将其定为国教的时期，他因为反佛再次被推到风口浪尖上：梁武帝先后组织起64人，发表75篇文章，再次对《神灭论》进行围攻，皇帝还亲笔写了《敕答臣下神灭论》，指责范缜特立独行、离经叛道，并以命令式的语气说："你的荒谬言论就不要再坚持了！"

范缜毫不示弱，据理力驳，始终高昂着孤傲的头颅——尽管他因此而得罪权贵，再也没有获得朝廷的重用，在一个不大不小的闲职任上终老一生。

南造寺，北造像

佛教于西汉末年传入中国，在南北朝进入鼎盛时期，许多王公大臣率先成了佛教的忠实信徒。由于天然地形的局限，南朝凿窟造像之风远不及北朝，后人将这一时期佛教传播在南北方呈现的不同特点总结为"南造寺，北造像"。

北齐·北响堂山石窟佛头像

兴盛的南朝佛寺

南朝佛教在梁武帝萧衍在位时期达到全盛。武帝建有爱敬、光宅、开善、同泰等众多宏伟寺院，还曾四次前往同泰寺舍身出家。他的长子昭明太子萧统、第三子简文帝萧纲、第七子元帝萧绎也都信佛。天监三年（504年），萧衍正式宣布以佛教为国教。一时间，国内寺庙林立，木鱼声不绝于耳，从达官贵人到黎民百姓无不心无旁骛地烧香拜佛。据统计，梁代仅都城建康一地就汇聚了700余座寺院，全国共有佛寺2846所，僧尼8万余人。

鸡鸣寺

鸡鸣寺，又称古鸡鸣寺，位于南京市玄武区鸡笼山东麓山阜上，始建于西晋，是南京最古老的梵刹之一，自古有"南朝第一寺""南朝四百八十寺"之首寺的美誉，是南朝时期中国的佛教中心。鸡鸣寺历史可追溯至东吴的栖玄寺，寺址所在为三国时属吴国后苑之地，西晋永康元年（300年）在此倚山造室，始创道场。东晋以后，此处被辟为廷尉署，至南朝梁普通八年（527年）梁武帝在鸡鸣埭兴建同泰寺，使这里从此真正成为佛教圣地。

南北朝

少林寺
位于河南登封嵩山五乳峰下，始建于北魏太和十九年（495年）。少林寺是汉传佛教的禅宗祖庭，号称"天下第一名刹"。

栖霞寺
位于江苏南京的栖霞寺始建于南北朝齐永明七年（489年），原为南齐隐士明僧绍的私宅。后宅舍由智度禅师主持，是江南佛教"三论宗"的发源地。唐代改名为功德寺，与山东长清的灵岩寺、湖北荆山的玉泉寺、浙江天台的国清寺，并称"天下四大丛林"。

六榕寺
位于广东广州赵秀区，始建于南朝梁武帝时，当时梁武帝萧衍派他的母舅沙门昙裕大智法师到真腊（今柬埔寨）求得佛舍利带回广州后，便命令广州刺史萧誉建造了这座寺和塔，当时分别称宝庄严寺和舍利塔。

◉ 恢弘的北朝造像

经过北魏太武帝拓跋焘的灭佛运动之后，北方的佛教遭受沉重打击，由于文成帝拓跋濬明确下令复兴佛教，被毁坏的寺院开始陆续重建和修复。

北齐文宣帝高洋经常邀请高僧法常进宫为自己讲解《涅槃经》，后来拜为国师。晚年的他更是久居辽阳甘露寺，不理政务。此后北齐的几位皇帝也大多信佛，全国的寺院增加到4万余所，僧尼有200多万规模。

北朝留下了不少宏伟的石窟遗迹，特别是云岗和龙门两处石窟。此外，还有敦煌莫高窟与甘肃天水麦积山石窟，这些石窟并称中国四大石窟。

北齐·南响堂山石窟佛头像

云冈石窟位于山西大同西郊17千米处的武周山南麓，依山开凿，东西绵延1千米。开凿从北魏文成帝年间一直延续至孝明帝正光五年（524年），持续60多年。现存主要洞窟45个，大小窟龛252个，石雕造像5万余躯。

龙门石窟开凿于北魏孝文帝年间，之后历经东魏、西魏、北齐、隋、唐、五代、宋等朝代，连续大规模营造达400年之久。现存窟龛2345个，造像10万余尊。

云冈石窟第20窟

南 北 朝

龙门石窟卢舍那大佛及菩萨

龙门石窟位于河南洛阳,根据《魏书》记载,开凿于云冈石窟之后,始建于北魏太和年间、迁都洛阳的前几年,至今仍存有窟龛2100多个,造像10万余尊,碑刻题记3600余品。数量之多位于中国各大石窟之首。龙门石窟的造像艺术融入体现了汉族的审美意识,石窟艺术呈现出了中国化和世俗化的趋势,堪称展现中国石窟艺术变革的"里程碑"。

麦积山石窟内的菩萨

石窟始建于后秦(384年—417年),大兴于北魏明元帝、太武帝时期,孝文帝太和元年(477年)后又有所发展。西魏文帝元宝炬皇后乙弗氏死后,在这里开凿麦积崖为龛而埋葬。北周的保定、天和年间(561年—572年),秦州大都督李允信为亡父建造七佛阁。隋文帝仁寿元年(601年)在麦积山建塔"敕葬神尼舍利",后经唐、五代、宋、元、明、清各代不断的开凿扩建,遂成为中国著名的石窟群之一。约在唐开元二十二年(734年),因为发生了强烈的地震,麦积山石窟的崖面中部塌毁,窟群分为东、西崖两个部分。

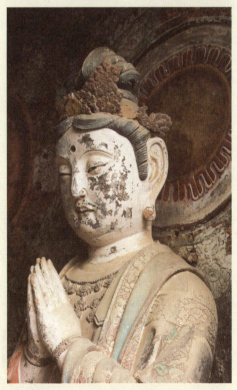

266年—589年

- **386年** / 拓跋珪建北魏
- **407年** / 赫连勃勃称大夏天王，胡夏建立
- **420年** / 刘裕废晋恭帝自立，南朝开始
- **439年** / 北魏太武帝拓跋焘统一北方，十六国结束，北朝开始
- **444年** / 太武帝拓跋焘灭佛
- **502年** / 萧衍称帝，建立梁朝
- **507年** / 范缜发表《神灭论》
- **534年** / 北魏分裂为西魏、东魏
- **557年** / 陈霸先称帝建陈，南梁亡；宇文觉建立北周，西魏亡
- **581年** / 杨坚称帝建隋，北周亡
- **589年** / 隋灭陈，统一中国

- **392年** / 罗马帝国皇帝狄奥多西一世宣布基督教为国教
- **395年** / 罗马帝国分裂
- **451年** / 匈奴王阿提拉席卷欧洲，被称为『上帝之鞭』
- **476年** / 西罗马帝国灭亡

中外大事年表对比

- 266年 / 司马炎建立西晋
- 291年 / 八王之乱爆发
- 293年 / 戴克里先在罗马帝国推行四帝共治制
- 308年 / 匈奴人刘渊称帝建汉，进入五胡十六国时期
- 313年 / 君士坦丁一世颁布《米兰敕令》，承认基督教合法地位
- 317年 / 司马睿建康建东晋，祖逖北伐
- 319年 / 刘曜迁都长安，改国号赵，史称前赵；石勒自称赵王，定都襄国，史称后赵
- 320年 / 笈多王朝建立，中世纪的印度进入黄金时代
- 337年 / 鲜卑慕容皝建燕国，史称前燕
- 350年 / 大和朝廷完成日本的统一
- 351年 / 苻健在长安称天王，史称前秦
- 372年 / 匈奴西迁至伏尔加河，引发欧洲的民族大迁移
- 383年 / 秦晋淝水之战
- 384年 / 慕容垂重建燕国，史称后燕；慕容泓建西燕，后秦姚苌杀苻坚称帝

少年中国史
Chinese History for Teenagers

创作团队

【项目策划】 尚青云简

【文稿提供】 毛帅

【图片支持】 Fotoe.com　Wikipedia　郝勤建　秋若云　堂潜龙